Plena consciencia en psicoterapia

Plena consciencia en psicoterapia

En la relación paciente-psicoterapeuta
Influencias de América Latina

Jean-Marie Delacroix

Colaboración especial de Hélène Castel

Prólogo de Fernando Manuel González Vega
Prefacio de Sylvie Schoch de Neuforn
Epílogo de Jacques Vigne

PAX

Plena consciencia en psicoterapia

Colaboración: Hélène Castel
Traducción: Alicia Hernández Rodríguez
Ilustración: Guy-Pierre Marie Gaston Tur Valverde
Portada: Raymundo Ríos Vázquez

Primera edición en Terracota: marzo de 2021

ISBN: 978-607-713-316-2

EDITORIAL TERRACOTA ET

DR © 2021, Editorial Terracota, SA de CV
Av. Cuauhtémoc 1430
Col. Santa Cruz Atoyac
03310 Ciudad de México

Tel. +52 55 5335 0090
www.terradelibros.com

Impreso en México / *Printed in Mexico*

2025 2024 2023 2022 2021
5 4 3 2 1

A mis padres y a mis ancestros, campesinos durante muchas generaciones, que me dieron la fuerza de la tierra, el misterio de la naturaleza, el cielo abierto y la noción de ciclo a través de la sucesión de las estaciones. Me enseñaron que la vida es siempre tomar riesgos y que es uno de los aspectos que le dan valor.

A mis maestros y a todos los que me dieron la fuerza de ser yo mismo y atreverme a seguir mi camino, un camino atípico, guiado por la curiosidad, el corazón y el deseo de compartir, más allá de los dogmas, los límites y lo que sería correcto hacer y pensar.

A Agnès mi esposa y a mis hijas Nataëlle y Flores, cuya presencia cariñosa y su amor me han dado la seguridad interior y la solidez para afrontar las pruebas de la escritura.

A los jóvenes terapeutas y los no tan jóvenes, para que se atrevan a tomar riesgos, salir del formato inevitable de sus escuelas, desplegar su originalidad y sus diferencias y participar en la creación de las terapias del futuro.

ÍNDICE

Agradecimientos

Mi agradecimiento a Hélène Castel, quien fue mi primera traductora en México. Ella está detrás de los orígenes de este libro y fue una colaboradora benevolente durante toda su gestación. Leyó y releyó mis textos anteriores y actuales, lo que nos permitió armar la estructura de este libro y después la organización de cada capítulo. Su conocimiento, su práctica de la terapia Gestalt en México y en Francia, su perspicacia y su sentido crítico me dieron el impulso para llevar a cabo este trabajo que postergué mucho tiempo.

Luego está Catherine Bolgert, también terapeuta Gestalt, quien ha leído con atención y cuidado todos los capítulos después del trabajo de Hélène; puso a mi servicio sus habilidades de lectora y correctora de artículos para la revista de la Sociedad Francesa de Gestalt.

A mis editores, Cécile Carru y Philippe Lahille, que enseguida me respondieron positivamente, y a su equipo que me acompañó en la elaboración de este libro.

A Enrick Barbillon, editor que podría haber publicado este libro y que me dio sus comentarios y sugerencias.

A todos los colegas y amigos que, de una u otra manera, me brindaron su apoyo a través de la lectura de un capítulo, un consejo, una anotación a pie de página: Agnès Delacroix, Richard Jiménez, Jan Knakal, Yves Mairesse, Itaka y Enrico Martignoni, Chantal Masquelier, Karim Reggad, Sylvie Schoch de Neuforn, Jean-Paul Sauzède, Jacques Vigne, Olivier Winghart y a todos los demás que, en ocasión de un encuentro, me animaron.

A mis amigos y colegas de América Latina, desde la frontera de México con Estados Unidos hasta las puertas de la Patagonia, pasando por Brasil, que me abrieron las puertas de sus institutos, universidades y asociaciones, que confiaron en mí y que nunca me impusieron su forma de ver las orientaciones de sus escuelas, dándome carta blanca. Gracias a ellos pude experimentar y descubrir todo lo que está escrito en este libro.

A los psicoterapeutas que supervisan conmigo y a los que participan en mis seminarios de posformación a través de la práctica de grupo, que me dieron la oportunidad de experimentar en Francia lo que traía de América Latina.

A las asociaciones de terapia Gestalt francesas y europeas que han apreciado mis ideas y mi forma de transmitirlas y que también me dieron la oportunidad de participar en la evolución de la psicoterapia.

A los pacientes que confiaron en mí y que siempre me han inspirado en el misterio de la relación. Gracias particularmente a aquellos que me han permitido compartir los recuadros clínicos de sus viajes terapéuticos conmigo.

Naturalmente mi deseo era que este libro tuviera un prefacio de Sylvie Schoch de Neuforn y un texto de Jacques Vigne. Les agradezco por haber colaborado en este libro.

Que todos estos hombres, mujeres, colegas, amigos de diferentes países, distintas culturas, formas variadas de concebir la psicoterapia y lo humano sientan mi cálido agradecimiento.

Prólogo en diálogo

Prologar un libro que sintetiza un largo recorrido intelectual y profesional de un autor al que me une una gran amistad y un reconocimiento especial como persona, me compromete a expresar mi agradecimiento a Jean-Marie Delacroix por permitirme dialogar con él, a partir de una perspectiva fenomenológica que pretende poner al descubierto una visión filosófica del mundo intersubjetivo de la psicoterapia, basada en la reflexión conceptual, axiológica y ética de su práctica terapéutica, durante varios decenios.

Elaboré este prólogo como un filósofo que ha participado desde hace más de tres décadas en programas educativos de psicoterapia y de desarrollo humano, en el apoyo docente y de investigación en estos temas, con una postura fenomenológica y humanista. En este caminar tuve la gran satisfacción de conocer al doctor Delacroix, como participante de sus cursos y, en especial, como invitado a participar en alguno de ellos como colaborador, desde la mirada filosófica.

Considero que la trayectoria profesional, terapéutica y de pensamiento de Jean-Marie Delacroix ha logrado una sólida madurez y un alcance de gran magnitud, que ha influido de manera sustantiva en muchos profesionales de la terapia Gestalt de varios continentes, en especial de América Latina. Creo, por lo tanto, que estas consideraciones son también un diálogo abierto con quienes conocen y han recibido del autor enseñanzas y ejemplos de congruencia entre doctrina y vida.

Me refiero a la obra de Delacroix como el conjunto integral de formación, estudio y práctica terapéutica que ha logrado durante varias décadas, reflejados, tanto en sus talleres y cursos formativos, como en los libros y artículos que hablan de su experiencia, su vida y su síntesis intelectual. También como un representante de la psicoterapia Gestalt relacional altamente reconocido y, sobre todo, por su apertura a abrir y experimentar nuevos caminos esperanzadores en esta.

A continuación, quisiera identificar y clarificar aquellos elementos y aportaciones teóricas y metodológicas que se encuentran en este libro, a fin de iniciar y construir un diálogo interdisciplinario entre la filosofía, la fenomenología y el enfoque intersubjetivo y relacional de la psicoterapia Gestalt que propone Delacroix.

1. Sistematización y reflexión conceptual de la experiencia y evolución profesional del autor, construida en la práctica terapéutica con los pacientes, el estudio actualizado y la formación de colegas.

En el libro se constata un equilibrio e integración de la práctica terapéutica, la constante actualización, la experimentación reflexionada y el interés por la formación sólida de los psicoterapeutas. Cabe reconocer, en primer término, el análisis y síntesis conceptual realizados sobre las diversas corrientes psicoterapéuticas y sus autores, que identifica con detalle sus aportaciones y diferencias. Esta obra no pierde la visión general sobre la especificidad de los análisis y elabora reflexiones profundas derivadas de relacionar las distintas aportaciones terapéuticas, sin exclusiones ni deméritos.

Es relevante señalar la madurez de la evolución profesional del autor, que no solo muestra una gran experiencia en el tema, al integrar vivencias significativas provenientes de los actores del proceso terapéutico y contrastarlas con los procesos detallados de la observación acuciosa, la sensibilidad de percepción y la lucidez en la reflexión analítica y teórica. El autor encarna y comparte con generosidad las vivencias fenomenológicas propias y de los demás en el acompañamiento cercano y sensible de los procesos terapéuticos y formativos.

Es pertinente señalar cómo se refleja en el libro la capacidad didáctica y formativa del autor, como fuente de experiencias educativas e interculturales sobre la psicoterapia Gestalt a lo largo de muchos años. Esto se manifiesta en la relación empática con la que vive, describe y analiza los procesos terapéuticos, con un enfoque vivencial y formativo.

2. Clarificación del concepto diferenciado y funcional de consciencia como eje central de los procesos de transformación terapéutica, así como del auto y el heteroconocimiento más integral del sí mismo, del otro y del entorno.

Teoría de la concentración, de la atención plena, de la percepción, del darse cuenta, de sentir y vivir, de la sensación consciente, una forma de estar en la vida cotidiana, estar en la consciencia de…, y la presencia del otro…, son las diversas aproximaciones de los accesos cognoscitivos que nos presenta el autor para la clarificación del concepto de *consciencia* y *terapia Gestalt* en esta obra, a partir de la relación. Así, menciona lo siguiente: "La terapia Gestalt contemporánea se define como una terapia de la relación y por la relación. Su originalidad es reunir la relación terapeuta-paciente y la consciencia que uno y otro tienen de esto que viven en este 'estar juntos' particular" (Delacroix, en este libro).

Considero que el enfoque de la teoría Gestalt sobre el tema de la consciencia tiene como legado implícito la concepción fenomenológica de la relación, unidad o correlato consciencia-mundo, a través de la vivencia intencional. El conocimiento de la persona se produce en la vivencia y permanece como un "estar en el mundo". El mundo es el conjunto total de los contenidos del flujo de vivencias, tanto de las cosas que son percibidas externamente, como de los estados de consciencia, por eso se atreve Husserl a afirmar que la consciencia es vivencia intencional: "En la percepción es percibido algo [...] en el amor es amado algo, en el odio es odiado algo, en el apetito es apetecido algo" (Husserl, 2002: 491).

Otra conexión a explicitar entre la terapia Gestalt y la fenomenología es la relación de los conceptos de contacto, frontera, campo, etc. de la primera, con los conceptos de mundo circundante y mundo intersubjetivo de la segunda. La consciencia del yo ante lo externo y los demás como vivencia y unidad intencional enriquece las formas de auto y heteroconocimiento sin desligarse del entorno, ni del campo existencial. Es también un *continuum* en el proceso vital de cada persona. De aquí que las aportaciones de la Gestalt a otras terapias y enfoques de plena consciencia tienen un alcance mayor como meditación intersubjetiva en relación o encuentro paciente-terapeuta como campo unitario.

De este modo, las aportaciones de la psicoterapia de relación propuesta por el autor, por un lado, enriquecen el enfoque de la plena consciencia en la forma en que se puede aplicar potencialmente a los procesos terapéuticos y, por otro, están sustentadas en una postura filosófica de corte fenomenológico que posibilita la reflexión de los procesos vitales, explicitando los sentidos y motivos que mueven intencionalmente a las personas para decidir y actuar de manera congruente consigo mismas.

3. Identificación de las bases antropológico-filosóficas del *yo*, la subjetividad, el *self*, el otro y la intersubjetividad bajo los diversos constitutivos de la persona (cuerpo, alma y espíritu).

A lo largo de este libro se explicitan las bases filosóficas de la estructura del ser humano como persona, por medio de ampliar los alcances de la consciencia, tanto como *awareness*, como *conscientiousness*, en una unidad complementaria con niveles de apertura y conocimiento del *yo*, de los demás y del entorno.

Desde el principio se sostiene la importancia del cuerpo como constitutivo de estos procesos para la conexión psicofísica entre el mundo y la consciencia, donde las sensaciones, percepciones, sentimientos, pensamientos, valores y actuaciones están estrechamente integrados.

Quiero señalar la gran contribución del autor para desvelar el potencial corporal del ser humano, como constitutivo, condición y forma de conectar su sí mismo con el mundo de lo "otro" y los "otros" de manera unitaria, libre y dinámica. También encuentro relevante el papel que le da el autor al cuerpo, como base de la *"ubiestesia" fenomenológica* (sensaciones localizadas en el cuerpo), como condición necesaria y objetiva para experimentar los procesos vitales y terapéuticos.

A lo largo del texto se amplía aún más la importancia de lo corporal hasta llegar a lo espiritual, no solo como dimensiones a considerar sino, diríamos fenomenológicamente, como constitutivos de la persona en su ser y actuar. Así, se hacen evidentes los alcances de la teoría de campo, la empatía, la copresencia y la intersubjetividad en los procesos terapéuticos de la relación paciente-terapeuta.

Según la fenomenóloga Edith Stein, en su tesis sobre el problema de la empatía, el cuerpo vivo, es decir la estructura psicofísica movida por el espíritu que nos hace salir de sí, es el que permite la conexión de la consciencia con el mundo, cuando surge el sí mismo (ipseidad o mismidad) ante las diferencias con los otros (otredad), que permiten sentir y decidir abrirse o cerrarse a las vivencias del otro como tú y como nosotros. "Este yo no es ningún yo individual, sino que lo llega a ser en contraste con el 'tú' y el 'él' [...] este ser otro, se muestra como otro diferente a mí, que se me ha dado de modo diferente que el 'yo': porque él es 'tú' y porque es el 'tú' 'otro yo'" (Stein, 1995: 72-73). Así, define la empatía como una "experiencia de la consciencia de otro [...] como aprehensión de la intersubjetividad objetivada".

4. Condiciones y posibilidades de desarrollo humano bajo la propuesta de psicoterapia intersubjetiva, basada en la plena consciencia, la empatía y la espiritualidad.

El tema de la consciencia, desde la perspectiva histórica, ha sido centro de atención de pensadores, artistas y estudiosos del comportamiento humano, la educación, la cultura de los pueblos, la convivencia, la justicia y, en este caso, el desarrollo integral de las personas, grupos y comunidades. Por ejemplo, el caso de Sócrates, quien habla de la conciencia como "una voz interior" que nos aconseja en la vida y nos exige honestidad.

El libro de Jean-Marie Delacroix nos ofrece, en síntesis, una gama de elementos y criterios, de cariz teórico, metodológico y práctico para aprovechar las potencialidades de la consciencia hacia el desarrollo humano, por eso podemos afirmar que el ejercicio de una plena consciencia, unida existencialmente al mundo, es la condición *sine qua non* sin la que el ser humano no puede ejercer sus potencialidades en actos que le permitan conocer, decidir, amar, desarrollarse y transformar su entorno.

Desde el punto de vista filosófico, quisiera subrayar que el tema de la consciencia conlleva de forma inherente, también como condición, el ejercicio de la libertad. Podríamos afirmar que la consciencia y la libertad son correlatos que constituyen e integran a la persona en su quehacer auténticamente humano. La consciencia y la libertad no son solo facultades que, como realidad ineludible, caracterizan la dimensión inmanente y trascendente de su esencia, sino también la construcción de su propia existencia a nivel personal, pero sobre todo en relación con los otros. Es aquí donde la relación paciente-terapeuta logra incursionar en esta coconstrucción, coafectación y codesarrollo, como sostiene el autor.

Hablar de libertad conlleva a aclarar la dimensión espiritual del ser humano como aquella forma de vivir que le permite sentir lo de afuera desde dentro, sentir lo interno como luz, fuerza y sentido, que se convierten en motivo y acción para ser transformados y transformar lo externo continuamente, a través del ejercicio constante de la decisión comprometida. Así, el desarrollo humano ligado al ejercicio de la libertad encarna una manera de pensar y actuar autónomas y, a la vez, solidarias, una forma de sentir, pensar y actuar desde la vitalidad corporal, anímica y espiritual de sí mismo y de los demás; una manera de confiar en sí mismo y en los otros para compartir espacios y tiempos como horizonte de vida.

Con esto quisiera terminar mi prólogo señalando, de manera contundente, que este libro refleja claramente la forma de ser y vivir de Jean-Marie Delacroix, como persona, profesional y amigo de muchos. Su propuesta teórica y práctica de la psicoterapia intersubjetiva está coloreada de creatividad, humanismo, estética, vitalidad y espiritualidad, por eso invito al lector a introducirse en esta experiencia, abrirse al descubrimiento compartido y animarse sin cesar a probar formas creativas y libres de ser persona en cocreación con los otros.

Fernando Manuel González Vega
Facultad de Filosofía
Universidad Autónoma de Querétaro
México

Prefacio
Evolución y originalidad del pensamiento del autor

Mi primer encuentro con Jean-Marie Delacroix se remonta a mucho tiempo atrás: fue en 1985, durante mi proceso de formación como terapeuta Gestalt. Recuerdo que nos había propuesto, como ejercicio, una situación en la que escenificaba a Sócrates... Yo no sé qué se suponía que este juego de rol debía hacernos descubrir, pero la impresión que me quedó era de desorden. ¿Y no era eso, de hecho, lo que Sócrates producía, al refutar las creencias de otros por medio de la revelación de su ignorancia?

Desde entonces, los escritos de Jean-Marie Delacroix todavía me cuestionan y perturban en mis posicionamientos y concepciones. Pero no dejo de sorprenderme y alegrarme de su libertad frente a los formatos del pensamiento, de su audacia y valentía para avanzar de manera independiente, en esta cruzada de culturas y corrientes del pensamiento. En el paisaje de la psicoterapia francesa de la década de 1980, muy marcado por el psicoanálisis, algunos tenían la preocupación de dar a través de un rigor conceptual sus cartas de nobleza a una terapia Gestalt apenas importada de América veinte años antes.

En efecto, en aquel momento estaba empañada por la agitación desordenada de la eclosión de las psicoterapias humanistas y con mucha frecuencia se comparaba con una práctica de descarga emocional y la técnica de la "silla vacía". Una depuración de la terapia Gestalt fue la eliminación de todo lo que estaba empañado por las tendencias del *New Age* de la época y por el esfuerzo de resaltar la construcción teórica sobre la cual se basa la metodología: así hemos dado primacía a los conceptos fundacionales, como el *self*, y la noción de *campo organismo-entorno* o *contacto*. Además, hubo un proceso de clarificación respecto a cómo la terapia Gestalt se basa en las grandes corrientes filosóficas occidentales, en particular la fenomenología, así como el psicoanálisis. Jean-Marie Delacroix ha participado en gran medida en la evolución de la terapia Gestalt en este sentido, pero desde su propia trayectoria, con su experiencia multicultural y evitando la trampa de un dogmatismo que podría haber congelado su práctica. Sus concepciones no han cesado de evolucionar con flexibilidad y sus investigaciones proporcionan nociones que son, en su mayoría, formas de cuestionar con sensibilidad y humanidad los temas esenciales que atraviesan la práctica de la psicoterapia.

Al recurrir a sus experiencias africanas, sudamericanas, norteamericanas, e incluso orientales a través de su interés por la meditación, Jean-Marie Delacroix amplía el campo de comprensión de la teoría gestáltica. Ofrece posibilidades de consciencia corporal (son sus términos) de los procesos en el trabajo al anclarse en el modelo gestáltico e integrar experiencias que le son extrañas. Recuerdo haber leído su libro *Ainsi parle l'esprit de la plante* (2000) mientras estaba hospitalizada por una operación seria y su texto me acompañó, me ayudó a darle forma y sentido a una vivencia postoperatoria dolorosa en la que mis referencias sensoriales y existenciales se agitaron y mi relación con el medio ambiente se volvió borrosa. En este contexto, no fue la planta de la que habla Jean-Marie lo que produjo un efecto, sino la forma en la que él describía su viaje chamánico con esta planta, y en el cual la prueba iniciática donde se transforma la relación con el sufrimiento adquirió un valor universal. Entonces, la lectura del libro y la relación personal creada con su autor me han acompañado de una manera que podría llamar *transpersonal*, término que define en esta obra como "lo que está más allá de la máscara, de la persona, del ego, de la cultura a la cual pertenecemos".

En su otro libro, *La troisième histoire* (2006), Jean-Marie Delacroix cuestiona la historia "que se crea, se desarrolla, se elabora, se susurra en el espacio cerrado, íntimo, secreto del consultorio del psicoterapeuta". Él percibe ahí la historia del paciente, la del terapeuta y su historia común, que se desarrolla instante tras instante y en el tiempo, es decir esta "tercera historia".

Ninguna teoría puede realmente decir qué está pasando entre las dos personas en la terapia y qué hace que este espacio tan particular, atípico, único y evasivo sea palanca de la transformación. Pero el rasgo común de la mayoría de los teóricos actuales de la terapia Gestalt es que ponen en el centro este tercer término y, al tratar de teorizarlo, pueden denominarlo, como lo hace a veces el autor, proceso de coafectación, o como otros, espacio intersubjetivo, entre-dos, campo cocreado, campo fenomenológico —términos no equivalentes pero que apuntan en la misma dirección—. Así, por la atención que se le presta, este fenómeno se vuelve perceptible en las variaciones de la atmósfera que emite, así como en las que atraviesan la experiencia corporal de las personas presentes y su intercorporalidad. También podemos ver ahí las manifestaciones del flujo de fuerzas vitales que circulan en este campo, que podríamos relacionar con eros, y que se organizan en función de las intenciones en juego en el campo.

En la medida en que el terapeuta intenta nombrar, dar sentido, incluso modelar es cuando algo sucede en la frontera de contacto. Cuando intentamos pensar en un fenómeno hacemos posible que ocurra. En este sentido, Jean-Marie Delacroix, a lo largo de sus escritos y en particular en esta obra, con la preocupación de transmitir, da las herramientas para pensar lo que puede desarrollarse en una relación terapéutica y lo que hace posible la transformación.

Una búsqueda interminable y aparentemente paradójica empuja al terapeuta (al menos a aquellos que tienen cierta concepción de la terapia) a reunir todos los recursos para provocar un cambio al tiempo que se retira. Deja toda preocupación de eficiencia de lado en un proyecto de mejora para su paciente. Jean-Marie describe así la forma en que lo logramos: El *yo* del terapeuta se pone al servicio de la puesta en marcha del proceso relacional y luego se desvanece para dejarlo ser más grande que él. Esta postura de retirada comprometida se llama *meditación intersubjetiva* y considero como una apertura y una innovación la asociación de estos dos términos. Dejaré que el lector descubra lo que implica. Me doy cuenta de que lo describe de tal manera que nos hace descubrir una verdadera metodología, sin perder de vista lo que él considera como necesario en el camino: una investigación sobre los posibles vínculos entre psicoterapia y espiritualidad tomando en cuenta la aspiración a la trascendencia, que se manifiesta de diversas maneras en todos los seres humanos, ya sea por sus síntomas, su relación con el arte, la belleza o los caprichos de una búsqueda de lo esencial.

Esperemos que aquellos que se sienten desanimados por esta referencia a esta dimensión espiritual, o a quienes este término perturba debido a sus connotaciones, podrán sin embargo ingresar, incluso con precaución, en la lectura de este trabajo que permite explicitar una sesión completa de nuestra práctica, de teorizar lo que hacemos con frecuencia de manera intuitiva sin lograr nombrarlo, y así desarrollar las posibilidades ofrecidas para una mejor comprensión de lo que está implicado en la relación terapéutica.

Sylvie Schoch de Neuforn
Francia

Presentación
Inspiración de América Latina

Cuando nació mi hija Flores en 1982, Agnès, mi esposa, se encontraba en la misma clínica y en la misma habitación que Lisbeth, una joven mexicana que acababa de dar a luz a Claudia y que hacía su doctorado en ciencias de la educación en Grenoble, Francia, la ciudad donde vivíamos entonces. Así comenzó para mi pareja y para mí la aventura mexicana y luego la sudamericana, pero aún no lo sabíamos.

Agnès y yo somos psicoterapeutas gestálticos. Cuando nos encontramos con Lisbeth y Roberto, su marido, acabábamos de regresar de Montreal, Canadá, donde habíamos pasado siete años para formarnos en Gestalt. Estábamos a punto de presentar este enfoque en Francia con la creación del Instituto Gestalt de Grenoble. Lisbeth y Roberto se mostraron muy interesados por lo que les contábamos de esta forma de psicoterapia. A su regreso a México, en Xalapa participaron en la formación que daba Guadalupe Amescua en su centro, que se convirtió en 1991 en el Centro de Estudios e Investigación Gestálticos (Cesigue).

En 1993, Lisbeth organizó un grupo de tantra para nosotros, un enfoque centrado en la sexualidad sagrada como medio de crecimiento personal, que habíamos aprendido y practicado en Francia, con Margo Anand, discípula del maestro espiritual Osho. Luego fue Guadalupe quien nos invitó a su instituto para dar una formación en tantra; más tarde trabajamos con Samuel Mejía, creador del Instituto Carl Rogers en Puebla (fallecido en septiembre de 2019), y Sergio Vázquez, fundador de Integro en Guadalajara, después con Myriam Muñoz, quien estableció el Instituto Humanista de Psicoterapia Gestalt (IHPG).

Comenzó así una larga colaboración con muchos institutos mexicanos, que nos invitaron primero a dar un curso de tantra y luego me pidieron intervenir en Gestalt. Respondí con placer y entusiasmo a esta solicitud.

Así fue como tuve la oportunidad y el honor de trabajar en muchos países de América Latina durante más de 25 años, desde la frontera de México con Estados Unidos, hasta las puertas de la Patagonia. Fui invitado a dar conferencias y seminarios de formación en numerosos institutos y universidades en el marco de la Asociación Mexicana de Gestalt y en congresos internacionales bianuales sudamericanos de Gestalt.

Quisiera agradecer aquí a todos aquellos que confiaron en mí y que siempre me han recibido con gran amabilidad y amor. En orden cronológico:

A México en primer lugar: Lisbeth Quintero, de Xalapa; Guadalupe Amescua, del Cesigue, Xalapa; Samuel Mejía, del Instituto Carl Rogers, Puebla; Sergio Vázquez, de Integro, Guadalajara; Myriam Muñoz, de IHPG, y a los responsables de los institutos conectados con este: María de Lourdes Zozaya (Querétaro), Laura Romero (Puebla), Alma Estela Díaz Menchaca (Cancún) y Gerardo Mac Nair (Morelia). También a Jenny Roldan Hayen, del Instituto Gestalt de Cuernavaca; a Gerardo Ortiz, del Instituto Yut'otonal de San Cristóbal de las Casas; a Guy Pierre Tur, de Cocrearte en la Ciudad de México; a Heather Keyes y Fernando González, de Durango; a Pilar Ocampo, del Instituto de Oaxaca, Oaxaca; a María Trinidad Cárdenas Ponce, de la Universidad Nexum de México, en Culiacán; a César Sosa Pérez, del Instituto Investigación para el Desarrollo Individual, Comunitario y Organizacional (IDICO), en Querétaro; a Arturo Sánchez Palma, del Instituto Universitario Ken Wilber de Chalco; además de algunas iniciativas privadas con Enrique Mercadillo, de Monterey; Julio Ocampo, de Mérida, y Gaby del Bosque, de Playa del Carmen.

En Ecuador: a Lourdes Muñoz, directora de IHPG de Quito.

En Brasil: a Sandra Salomao, de Río de Janeiro; Selma Ciornai, de São Paulo; Marcos Muller, de Florianópolis, y Paulo-de-Tarso de Castro Peixoto, de la Universidad libre de Macaé.

En Colombia: a Jorge Villalonga del Instituto Gestalt Bogotá.

En Argentina: a la Asociación de Gestalt de Buenos Aires (AGBA), a Adela Lalin, de AGBA y del Instituto Adela Lalin y Equipo, y a Eduardo Carabelli, del Centro Gestáltico San Isidro de Buenos Aires.

En Chile: a Adriana Schnake que me invita a Chiloé; a Antonio y Marina Vara, del Instituto de Gestalt de Santiago de Chile.

En Uruguay: a Hugo Losa, Mabel García y la Asociación Gestalt de Uruguay.

En Guatemala: a Yoanna Rivaw Zimeri, del Centro Gestáltico de Guatemala.

En Perú: a Giancarlo Cordiglia Hernández, de Gestalt Grupo, en Lima; a Alberto Sánchez, del Centro Gestáltico de Perú, y a Percy Bazán, de la Asociación de Salud Mental y Medicina Integrativa, de Cajamarca.

Sin duda, olvido a otras personas, si es el caso, les pido disculpas.

Ustedes, colegas latinoamericanos, me han aportado mucho con su sensibilidad, su apertura de corazón y de espíritu, su capacidad de vivir la experiencia y tener confianza, sus reflexiones, imágenes, metáforas, alegrías, a veces inesperadas para el francés que soy. Por su historia y su mestizaje con las culturas indígenas de sus países, desarrollaron una forma de sincretismo y de poética que les da una creatividad colorida y que hace de su modo de pensar y de sus prácticas vivas, atrevidas, transversales, llenas de sentido común y sensibilidad —que a veces me han sorprendido— algo único que me ha dado mucho placer y ha desarrollado mi propia sensibilidad y mi pensamiento.

Les agradezco cordialmente a ustedes, responsables de institutos, asociaciones y universidades que desde 1993 me abrieron generosamente sus puertas, sus corazones, a veces incluso sus casas y su vida familiar, ustedes que siempre me tuvieron confianza y me dieron carta blanca para tratar el tema de mis seminarios, sin imponerme la obligación de sus orientaciones teórico-clínicas. Me dieron la posibilidad de conocer sus culturas, lo cual es un privilegio para mí.

Todos los temas principales de este libro fueron explorados primero en América Latina, en particular las cuatro modalidades de consciencia y su expansión a nivel transpersonal, la intercorporalidad, la postura meditativa, la meditación intersubjetiva y la empatía como fenómeno intersubjetivo. Luego los exporté a Francia. Los artículos fueron traducidos al español.

Algunas veces digo, burlándome de mí mismo, que yo podría haberme convertido en un brillante psicoanalista parisino, con un bonito diván de diseño y algunos objetos exóticos sacados directamente de las galerías de moda de la orilla izquierda del Sena, como el psicoanalista que me escuchó durante seis años en la calle Rennes, en París. Era entonces un joven psicólogo clínico en psicoanálisis y en psicoterapia de grupo con psicodrama, muy motivado para convertirme en psicoterapeuta quizá en África. Me apasionaban entonces las investigaciones del doctor Henri Collomb, el psiquiatra que dirigía el hospital psiquiátrico de Dakar, que quería descolonizar la psiquiatría y trabajaba con los curanderos locales. Soñaba con ir a colaborar con él.

Pues no, no me convertí en psicoanalista. Como me ha pasado muchas veces, la vida me condujo por un camino distinto de aquel que parecía trazado, confié y, en retrospectiva y con la edad, puedo decir que tuve razón. Cuando abandoné el diván, la vida me envió a otros lugares, primero a África, donde tuve mi primer puesto como psicólogo, luego a Canadá, más tarde a México, y la mayor parte del tiempo a América Latina. Dejé así el diván, el psicoanálisis y Francia para ir a trabajar por una temporada a Camerún, después a Montreal en un momento en que en Francia no existía más que el psicoanálisis y el psicodrama.

Lo que entonces se llamaba el *movimiento del potencial humano*, comenzaba apenas a llegar a París a principios de la década de 1970 y los *círculos ilustrados*, que yo frecuentaba en ese momento, lo criticaron duramente, a veces con malicia, incluso con deshonestidad, porque los jueces solo tenían conocimiento a través de rumores.

Solo había oído que le daban más importancia al cuerpo. Así me estrené en la terapia Gestalt en el Centro de Crecimiento y Humanismo Aplicado, en relación con el Instituto Gestalt de Cleveland. Al mismo tiempo terminé mi formación en psicodrama que había comenzado en París, antes de incursionar en las terapias corporales, en el curso de William Reich, en particular con Alexander Lowen y sus discípulos de Quebec, quienes habían abierto una escuela de análisis energético. Fui uno de los primeros terapeutas que se interesó por lo que hoy llamamos *psicoterapia transpersonal*. Me convertí en un disidente feliz del psicoanálisis.

Lo que me conmovió en la terapia Gestalt fue el trabajo a partir de lo que está sucediendo aquí y ahora y el hecho de adentrarse en la plena consciencia de la experiencia vivida, a medida que esta se desarrolla. Dejarse fluir en el *continuum* de la experiencia. La experiencia vivida fue a la vez corporal, emocional y relacional, sobre todo en el contexto de grupos de terapia. Fuimos invitados a entrar en plena consciencia de esta experiencia con estas pequeñas frases repetidas una y otra vez: "déjate sentir...", "quédate con eso...", sin tratar de explicarlo. Solo debes estar con esta experiencia de ti mismo frente a los demás y tener confianza, sin querer comprender inmediatamente, deja pasar lo que trae el momento presente. Fue un *shock* para mí.

Mis seis años de diván no me habían preparado en absoluto para enfrentar los universos sensorial-corporal, emocional, relacional, ni a situarme frente a los demás en interacciones en vivo, a menudo frontales en una forma de terapia de grupo que, en ese entonces, era áspera. Hasta ese momento, me habían animado a explicar todo a través del pasado y a regresar a veces de manera casi obsesiva. En cambio, mis tres años de psicoterapia de grupo con psicodrama en París, me habían dado un anticipo de lo que podía suceder en terapia Gestalt.

Así fue como pasé del trabajo interno con base en el inconsciente, al trabajo sobre mí mismo a partir de la consciencia inmediata de mi experiencia en curso, en el contexto de una terapia de dos o en grupo. Dos paradigmas diferentes. Dos visiones diferentes del mundo y de uno mismo en el mundo. Dos métodos diferentes.

¿Cómo nació este libro?

Hace tres años, tras un seminario que estaba dando en México, uno de los terapeutas presentes, que ya había participado en otros seminarios conmigo, me preguntó si podía entrevistarme sobre Gestalt y *mindfulness*. Yo le respondí: "Sobre la terapia Gestalt sí, pero no sobre *mindfulness*; no me he formado en este enfoque". Y él me respondió: "Sin embargo, es lo que tú haces en todos tus seminarios". Esto despertó mi curiosidad y respondí a su petición.

Luego decidí inscribirme en un programa titulado *Mindfulness Based Stress Reduction (MBSR)* presentado de la siguiente manera en internet: "Creado por el doctor Jon Kabat-Zinn en la Universidad de Massachussets (Estados Unidos), el programa mbsr es ante todo un entrenamiento para 'cuidarse'. Le permite aprender, durante un curso intensivo de ocho semanas, a entrenar su cuerpo y su espíritu para acceder a recursos internos de crecimiento, en contacto con su capacidad natural de tender a una mejor salud, menos ansiedad y un espíritu más pacífico".

El curso era de tres horas por semana durante ocho semanas, más un día completo, con el compromiso de meditar diariamente en casa entre 30 y 45 minutos. Me apresuré a hacerlo la primera vez con entusiasmo, seguro de que iba a continuar mi aprendizaje y una reflexión sobre cómo el hecho de estar en la plena consciencia era en sí terapéutico. Me aburrí... en efecto, era lo que yo practicaba desde hacía años y que transmitía en mis seminarios. Entonces decidí convertirlo solo en un espacio de práctica, sin esperar más. Así descubrí que ya tenía una larga práctica de *mindfulness* desde el comienzo de mi formación en terapia Gestalt en Montreal en 1974, y que era la base de mi práctica y de todos mis seminarios desde la década de 1980. Lo había aprendido a partir de lo que F. Perls, creador de la Gestalt, llamaba ya en 1947 la *terapia de concentración*, inspirada en la meditación zen, y a través de prácticas llamadas *sensorio-awareness* (desarrollaré estos temas en los primeros capítulos de este libro).

La diferencia residía en el hecho de que la terapia Gestalt no prometía la reducción del estrés en ocho sesiones; en cambio, integraba la plena consciencia en el contexto de la psicoterapia que había desarrollado un corpus teórico para sostener la práctica, la teoría del *self*.

Después tuve una discusión en París, con Hélène Castel, quien había pasado veinte años en México, donde le había dicho que me gustaría dar forma a algunos de mis escritos para hacer un libro, pero que no tenía el empuje. Fue entonces cuando espontáneamente me respondió: "puedo ayudarte, me interesa hacer eso". Y me ayudó. Hoy, si este libro existe, es gracias a ella. Aprecié el suyo, *Retour d'exil d'une femme recherchée* (Castel, 2009), así como su estilo. Confié en ella.

El psicoanálisis me había enseñado un modelo basado en el concepto del inconsciente. La terapia Gestalt ponía en primer plano la consciencia como uno de los fundamentos del proceso psicoterapéutico. Me enseñó otro modelo, en el que trabajamos con *estar-en-la-consciencia-de-lo-que-sucede-aquí-y-ahora-en-relación* a partir de las nociones de *awareness* y *consciousness* y el *continuum* de la consciencia, con la teoría gestaltista del *self* de fondo, como presentaré más adelante.

Durante mi evolución profesional, la relación terapeuta-paciente se ha vuelto cada vez más importante, al punto de llegar a ser central. La terapia Gestalt se presenta claramente como una psicoterapia relacional, sobre todo entre los profesionales, entre los cuales me incluyo, apegados a la teoría del *self*. Hace unos años, los estudios realizados en Estados Unidos demostraron que la eficacia terapéutica se basaba más en la relación que se establecía entre el terapeuta y el paciente que en la corriente a la cual este se vinculaba o las técnicas que utilizaba.

He contribuido, en Francia y en otras partes del mundo, a hacer de la terapia Gestalt una psicoterapia relacional. Desde la publicación de mi libro *La troisième histoire, une psychothérapie relationnelle* en 2006, he orientado mis observaciones clínicas, mis seminarios de capacitación y mis reflexiones sobre la consciencia en la relación paciente-psicoterapeuta y sobre lo que esto implica como reflexión y conceptualización.

El tema de la consciencia se ha tornado muy relevante desde el final del siglo XX, debido al surgimiento del *mindfulness*, la meditación, la terapia Gestalt, las investigaciones realizadas por las neurociencias. El libro de Marilyn Ferguson, *Les enfants du verseau* (1981), parece marcar un punto de inflexión en la historia de las ciencias humanas, ya que presenta un nuevo paradigma que otorga a la consciencia un lugar central. Este libro se inscribe en este vasto movimiento de apertura de la consciencia.

Transmitir

Al final de mi libro *La troisième histoire*, presenté la relación terapeuta-paciente como un lugar de coinfluencia y de coafectación. Esta obra es la continuación, pero pone el acento en "la terapia de concentración", es decir, sobre la plena consciencia en psicoterapia. La plena consciencia en el terapeuta como base de su estar-aquí, de su postura, de su actitud, de su presencia, luego en el proceso terapéutico, para trabajar el aquí y el ahora y poner a trabajar de manera energética las problemáticas destacadas en los contenidos.

También puede verse como una continuidad del hermoso trabajo de nuestros colegas de Quebec: *Pleine conscience dans la relation d'aide* (Devault y Pérodeau, 2018), pero la diferencia es que trata explícitamente de la plena consciencia en el proceso psicoterapéutico y en la relación paciente-psicoterapeuta.

El tema general de los capítulos que siguen podría enunciarse así: estar consciente de lo que ocurre aquí y ahora en la relación terapeuta-paciente e integrar la terapia de concentración o plena consciencia en el proceso psicoterapéutico. Reúno mis reflexiones a partir de la reorganización de cierto número de textos (publicados o no) y la integración de muchas experiencias tanto personales como profesionales.

Se trata del trabajo de un practicante que ha recorrido un largo camino a través de varias corrientes terapéuticas occidentales y ancestrales tradicionales; curioso, apasionado, a menudo percibido como atípico por explorar caminos a veces poco utilizados, lo cual está marcado por la práctica de diferentes formas de meditación y terapias llamadas *chamánicas*, que ha estudiado y practicado en tres continentes y que se define como psicólogo, formador, supervisor y, como telón de fondo, antropólogo.

También soy un profesional y un investigador que contribuye a la evolución del pensamiento y la práctica en psicoterapia. Mi manera actual de contribuir es participar en este gran movimiento de consciencia y transmitir a los lectores mis reflexiones acerca de cómo pensarlo e incluirlo en la práctica terapéutica.

Me uno a Daniel Stern, a quien a veces me referiré, sobre todo a partir de su libro *Le moment présent* (2003), cuando escribe que todo terapeuta, independientemente de su orientación teórica, puede estar atento al momento presente en la terapia e integrar lo que él llama la consciencia primaria (*awareness*) y la consciencia reflexiva (*consciousness*) en su forma de trabajar. Subraya también que después de haber explorado el continente del inconsciente gracias a Freud, depende de nosotros explorar ahora el de la consciencia. Es lo que esta primera parte del siglo XXI nos ofrece para vivir.

En el momento de finalizar este libro tengo 76 años. El tiempo de las síntesis comenzó para mí hace mucho. Lo que quiero transmitir es cómo la noción de *consciencia* es fundamental en toda forma de terapia y de qué manera podemos incluirla:

- en nuestra antropología, es decir, en el logos sobre el ser humano en su relación con el mundo;
- en nuestras referencias teórico-clínicas, cualesquiera que sean las corrientes a las cuales nos adherimos;
- en la filosofía que subyace nuestro ser terapeuta;
- en nuestra postura de terapeuta;
- en nuestra práctica diaria con nuestros pacientes;
- quizás también en nuestra vida cotidiana.

Este libro, sin embargo, no es un manual de terapia Gestalt, aunque me referiré ampliamente a esta y presentaré de forma rápida algunos de sus conceptos, porque pienso que los pueden comprender e integrar todos los terapeutas o trabajadores sociales que se alinean con una orientación humanista, fenomenológica, así como aquellos que se suscriben a las nuevas perspectivas de las terapias cognitivo-conductuales (TCC), especialmente aquellos que se denominan la tercera ola y que introducen el *mindfulness* en su práctica. En cuanto al creciente número de practicantes de *mindfulness*, encontrarán en este trabajo puntos de referencia sobre cómo usar su arte en psicoterapia.

Mis objetivos al escribir este aporte

En 2017 apareció en Francia una obra colectiva titulada *Quand la conscience s'éveillera* (2016), escrita por varios maestros espirituales, psicoterapeutas transpersonales e interesados en el tema de la psicoterapia y la espiritualidad. Soy uno de los coautores de este libro, autor del capítulo "La posture méditative en psychothérapie".

Un año después, mis colegas canadienses de la Universidad Laval, en Quebec, publicaron el trabajo colectivo que ya mencioné, *Pleine conscience et relation d'aide* (Devault y Pérodeau, 2018), en el cual pintan un cuadro muy completo de la plena consciencia, incluida la terapia Gestalt y su utilización en diferentes contextos de relaciones de ayuda.

Así pues, el tema de la consciencia está cada vez más presente en el mundo de las psicoterapias. Mi objetivo es hacer mi contribución para ampliar el debate sobre la psicoterapia y la relación paciente-psicoterapeuta al desarrollar los siguientes puntos:

- presentar la plena consciencia o la terapia de la concentración en relación como uno de los posibles fundamentos del proceso psicoterapéutico;

- ubicar el ser en consciencia de...,[1] primero en el terapeuta, en su postura, luego en el centro de la relación;
- dar puntos de referencia a los terapeutas sobre cuándo y cómo utilizar lo que llamamos el *continuum* de la consciencia en el proceso terapéutico;
- poner el cuerpo consciente y la consciencia corporal en el centro de la práctica terapéutica;
- presentar lo que llamo *postura meditativa en la terapia* y combinarla con la perspectiva de campo, tan central en la terapia Gestalt;
- introducir la meditación intersubjetiva en el campo de las prácticas de las psicoterapias;
- explorar la hipótesis de que estar en la consciencia de la relación vivida está al servicio de la construcción de la relación terapeuta-paciente;
- explorar la hipótesis de que el proceso terapéutico ocurre en los momentos de consciencia común entre el paciente y el terapeuta;
- hacer reflexionar al lector sobre los conceptos de transferencia y *contratransferencia*, y proponer el concepto de *cotransferencia*, que me parece más coherente con las ideas principales de este libro,
- y dejar sentir a lo largo del libro que tal vez hay algo de transpersonal en esta forma de concebir la relación terapeuta-paciente, que puede abrir al ser humano a su dimensión espiritual.

¿Cómo está estructurado este libro?

Está dividido en dos grandes partes: la consciencia en psicoterapia y la consciencia en la relación paciente-psicoterapeuta, y una conclusión que es una apertura hacia lo espiritual.

La reflexión sobre la consciencia se estructura en cinco capítulos:

- el capítulo 1 desarrolla la importancia actual de la consciencia en los diferentes enfoques contemporáneos de este principio del siglo XXI;
- el capítulo 2 presenta cómo se concibe la cuestión de la consciencia en terapia Gestalt a partir de dos términos en inglés: *awareness* y *consciousness*, que permiten matizar dos modalidades;
- en el capítulo 3 presento cómo maticé los dos términos anteriores con base en cuatro modos de consciencia sobre el plano psicológico.

[1] Esta formulación permite poner de relieve la postura fenomenológica de la terapia Gestalt, cuya tendencia es poner ciertos verbos en infinitivo con el objeto de traducirlos en el aspecto activo, instantáneo, el aquí y el ahora.

Luego presentaré rápidamente la teoría gestáltica del *self*, en la cual está integrada la noción de *consciencia*;

- los dos capítulos siguientes están dedicados a las influencias que han marcado mi ser terapeuta y mi investigación, sobre el concepto de *consciencia* a partir de diferentes prácticas: el capítulo 4 trata sobe mi experiencia de *estar en*, de ser *consciente de*, en diferentes formas de meditación; el capítulo 5 es acerca de mi compromiso con las terapias primarias o terapias ancestrales tradicionales que utilizan el estado de consciencia ampliado.

La consciencia en la relación paciente-psicoterapeuta se aborda en seis capítulos:

- en el capítulo 6 presento una nueva manera de comprender la relación terapéutica a partir de conceptos de *campo-organismo-entorno* de la teoría del *self*, de campos morfogenéticos de Rupert Sheldrake, y veremos cómo la consciencia puede encontrar su lugar;
- el capítulo 7 está dedicado al momento sensible y plantea la pregunta de cuándo y cómo dejar el contenido de lado e introducir lo que llamo *la postura meditativa en el proceso*;
- el capítulo 8 reflexiona sobre la transferencia y la contratransferencia en una postura de campo que implica, para el terapeuta, su capacidad de estar plenamente consciente de lo que él vive en relación con el paciente y a veces revelárselo. También nos preguntaremos si no serían más adecuadas las nociones de *cotransferencia* y *cotransfaissance*;
- lo que hará surgir la cuestión del cuerpo que siente y es sentido en la relación, de lo que pasa del cuerpo del paciente al cuerpo del terapeuta y que solo puede ser revelado al estar consciente de lo que ocurre aquí y ahora. Este es el tema de la intercorporalidad desarrollado en el capítulo 9;
- ¿cuándo y cómo decir lo que viene de la consciencia corporeizada? Es el tema del capítulo 10, que trata sobre la palabra encarnada;
- en el capítulo 11 toda esta reflexión vuelve a cuestionar el tema de la empatía, que no puede verse solo como un enfoque centrado en la persona, sino como un fenómeno intersubjetivo en el cual los dos cuerpos en presencia están en resonancia.

Esto nos llevará al final con la siguiente pregunta: ¿la relación, tal como fue concebida a lo largo del libro, será la ocasión de apertura a la dimensión espiritual del ser humano? Tomaré los cuatro modos de consciencia mostrados en el tercer capítulo para presentarlos en su extensión y expansiones transpersonales.

Para animar la lectura e invitar al lector a entrar en la atmósfera y la intimidad de la relación paciente-terapeuta, escogí abrir la obra con un largo recuadro clínico, y luego agregar otros a lo largo de los capítulos.

También deseaba que la versión en español estuviera prologada por un colega de América Latina. ¿Pero quién? Podría haber preguntado eso a cada uno de los responsables de los institutos que me invitaron o a Lisbeth Quintero. Mi editor me sugirió que hablara con alguien que está fuera de la terapia Gestalt, pero que conoce el mundo de la psicoterapia y la Gestalt. Así surgió el nombre de un filósofo en diferentes institutos de formación en psicoterapia.

Fernando Manuel González Vega es filósofo, profesor, investigador de la facultad de Filosofía de la Universidad Autónoma de Querétaro, con un gran conocimiento de la fenomenología y de la filosofía de la educación y del desarrollo del ser humano. La fenomenología es una de las raíces de la terapia Gestalt. Por esta razón su punto de vista me parece importante para presentar este libro.

Sylvie Schoch de Neuforn fue una de las primeras psicoterapeutas francesas formadas en el marco del Instituto Francés de Terapia Gestalt, del cual fui cocreador y codirector durante veinte años. Ella ha marcado a muchos terapeutas en Francia y en otros países debido a su pensamiento claro, estructurado y libre, su práctica sensible, respetuosa y sutil y su pedagogía comprometida como formadora. Es además la autora de numerosos artículos y de *Un dialogue thérapeutique* (2002).

Pensé también en Jacques Vigne, médico, psiquiatra, psicoterapeuta, escritor, especialista en India, donde ha vivido durante treinta años, porque lo considero un maestro psicoespiritual. Cada frase de su libro *Méditation et psychologie: Soigner son âme* (1996) resonaba tan fuerte en mí que quise conocerlo. Tuve la oportunidad de seguir sus enseñanzas y de apreciarlas durante varios seminarios que impartió en Francia.

Lector, te invito a descubrir o a continuar descubriendo, por medio de este libro, el poder de la consciencia, y su sutileza, en la relación entre un paciente y su psicoterapeuta.

¡Buena lectura!

Introducción

Lector, para comenzar, vamos a entrar en la intimidad de la relación terapeuta-paciente en consciencia. Te invito a leer el recuadro clínico que agrego casí al final del apartado, como una parábola, una bella historia, para darte un primer sabor vivo de lo que este libro contiene.

Te llevo lejos a un país que quizás tú no conozcas... Nos vamos a Colombia. Nos encontramos en una finca, a tres horas por carretera de Bogotá, la capital: una vieja granja, perdida en la montaña, en medio de una vegetación generosa, semitropical, construida entre dos pequeñas corrientes de agua entre las rocas, tumultuosas y sonoras luego de la lluvia de la tarde. Esta propiedad se ha convertido en un lugar de terapias humanistas y ancestrales y de entrenamiento en terapia Gestalt. Vas a participar, con un grupo de veinticinco personas, en dos momentos de un seminario de formación sobre el tema de la relación terapeuta-paciente en plena consciencia. Comenzamos el viernes por la noche y terminamos el domingo, a las cuatro de la tarde.

El sábado por la mañana, Paula, mi traductora, está enferma y no se siente capaz de realizar su trabajo. Hablo español, me desenvuelvo en momentos de prácticas y experimentación, pero no lo bastante bien como para asegurar la traducción en momentos didácticos.

Pregunto si alguien en el grupo habla francés. Diego se levanta y se ofrece a traducir. Es un hombre joven, próximo a los treinta que ya había conocido en un seminario anterior. Mestizo, de origen indígena y europeo. Muy sensible, más bien tímido, tipo intelectual con lentes, muy deseoso de aprender. Toma muchas notas, hace preguntas siempre muy pertinentes.

Él ya ha tenido psicoterapia personal. No conozco nada de su historia personal. Soy un hombre de 73 años frente a él.

Su traducción no es fluida. Me pregunto si se deba a su falta de práctica del francés o a su vergüenza de destacarse frente al grupo de esta manera. Terminamos esta secuencia, luego hacemos una pausa.

Aprovecha la oportunidad para venir a hablar conmigo, caminamos a lo largo del torrente. Él me habla sobre su vergüenza, le molesta tener que traducir, porque le gusta tomar notas y ya no puede hacerlo. Ya no quiere continuar, se siente mal frente al grupo y frente a mí. Yo lo siento muy cargado emocionalmente, como si estuviéramos tocando un punto sensible de su existencia, como si nos encontráramos en el umbral de algo que podría tratarse en terapia. En general, en mi pedagogía de formación, y con fines didácticos, incluyo una o dos sesiones de terapia con alguien del grupo y frente al grupo. Lo hago en español para evitar el retraso ocasionado por la traducción. Le propongo continuar delante del grupo, luego de la pausa, lo que estamos comenzando. Él está de acuerdo.

Diego, traductor voluntario

Explico la situación al grupo. Nos sentamos en una silla uno frente al otro y comenzamos la sesión. Lo invito a entrar en plena consciencia de que está ahí, frente al grupo, delante de mí, con una preocupación que vamos a trabajar durante esta sesión. Invito también a los presentes a centrarse en sí mismos y a entrar en plena consciencia de su vivencia en ese momento, como si esta sesión fuera también un momento terapéutico para ellos.

Diego está sentado frente a mí, sin mirarme, silencioso, como en otro lado. Luego de un momento de silencio, lo invito a decirme lo que siente.

Paciente: Me siento mal... triste... no me atrevo a mirarte... me gustaría decir alguna cosa... es difícil...

Estoy muy presente frente a él, silencioso, al mismo tiempo tranquilo y ligeramente ansioso, ya que no sé qué pasará; apoyo su estado interior con un gesto de la mano. Él levanta los ojos hacia mí.

P: Tengo algo que decirte a ti y al grupo...

Terapeuta: Tú me miras diciendo eso...

P: Sí, no es fácil... tengo miedo del grupo...

T: Déjate sentir lo que hay ahí...

Yo me siento muy conmovido por este joven alto que luego percibo como un adolescente frágil que no se atreve a afirmarse, que se encuentra en un estado emocional interno de alta intensidad y por el hecho de que es mi necesidad de ayuda la que lo hace vivir esta experiencia difícil. Me encuentro a mí mismo como un hombre joven que no se atreve a afirmarse, esta situación resuena en mí, la observo, pero no digo nada.

P: Jean-Marie, es muy pesado para mí traducir... no me siento bien... me gustaría parar...

Escucho su tono suplicante. Espero un momento en silencio... observo y siento el silencio tenso del grupo... me siento aliviado por el hecho de que comienza a hablar, reformula lo que acaba de decirme y deja el silencio... pienso que es en el silencio donde las cosas importantes llegan.

P: Quisiera dejar de traducir y retomar mi lugar en el grupo.

Me doy cuenta de mi ambivalencia: estoy contento de que él se cuide y comience a salir de un mecanismo repetitivo, pero también me preocupa el resto del seminario sin traductor. Me digo también que ya me he encontrado en esta situación y que he logrado adaptar mi pedagogía para hablar menos y dejar que el grupo haga su propia reflexión en subgrupos durante los momentos de experimentación. Acepto interiormente que él se retire.

T: Observo que me dices eso a mí...

P: Tengo miedo de decirlo al grupo...

Luego mira al grupo y se levanta espontáneamente y comienza a decir que ya no quiere traducir más y que se siente mal con eso. Lo dice con voz débil, con el cuerpo un poco inclinado hacia adelante. Le reflejo eso, lo invito a entrar en plena consciencia de su cuerpo en ese momento y luego me veo tocando suavemente sus hombros para enderezarlo, como si "alguien" me enviara un mensaje o información. "Si tú quieres, voy a tocarte y enderezar ligeramente tus hombros". Él asiente. Puse en acto y en la relación el "mensaje" recibido, con esta palabra de apoyo: "Permítete sentir lo que está sucediendo en ti cuando levanto ligeramente tus hombros".

P: Me hace sentir como una corriente eléctrica caliente en todo el cuerpo...

Se endereza de nuevo frente al grupo y expresa su deseo con una voz más firme.

T: Escucha tu voz cuando dices eso...

Espontáneamente repite lo que acaba de decir bostezando mientras mira al grupo. Todas las personas se vuelven hacia él, interesadas por lo que está sucediendo y como revitalizadas.

T: Sé plenamente consciente de lo que tú haces en este momento delante del grupo... y dime lo que haces...

P: Estoy empezando a afirmar mi necesidad.

T: Sí, es exactamente eso, y me alegra verte así. Comienzas a afirmarte, lo estás haciendo en este momento frente a mí y frente al grupo. (Reformulo para apoyar su consciencia de lo que está haciendo.) ¿Quieres escuchar las reacciones de algunas personas del grupo?

Luego sigue un momento en que recibe comentarios muy positivos, escucha cómo algunas personas se identificaron con él ante el mismo desafío. Le pregunto cómo recibe esta retroalimentación positiva.

P: Es bueno para mí... descubro que pueden aceptarme cuando me afirmo... es increíble... Pero aún no estoy tranquilo... No sé si puedes creerme completamente... Cómo tú, Jean-Marie, ¿vas a aceptar el hecho de que ya no te quiero traducir? Temo que tú lo tomes mal... que me rechaces.

Lo escucho decirme esto y me llega una imagen de un hombre anciano y enfermo del cual él se ocupa, estoy sorprendido, acepto esta visión y no digo nada por el momento. Sugiero que paremos esta sesión para ver lo que provoca en el grupo y para utilizarla con fines didácticos, pero le propongo a Diego tener otra sesión con él más tarde. Siento que esta visión tiene un sentido y que esta sesión es el principio de un proceso que merece continuar.

La formación continúa a partir de una reflexión en cinco subgrupos, cada uno reflexiona sobre un tema diferente relacionado con el tema del seminario y la sesión que acaba de ocurrir.

Al final del día le propongo a Diego otra sesión de psicoterapia. Tengo dos objetivos. Primero continuar el proceso con él, pues tengo la impresión de que podemos ir más lejos. El otro objetivo de la sesión es un apoyo pedagógico, para aprendizaje. Él está de acuerdo en continuar, el grupo también.

T: Diego, esta mañana terminamos la sesión con el temor que expresabas a que yo te rechazara si tú no me traducías más... ¿Dónde estás ahora?

P: Lo pensé todo el día, estoy preocupado... no puedo concentrarme en aprender...

Se produce un largo silencio durante el cual me centro en él, en mí y en nosotros dos juntos... Me siento muy preocupado e interesado por lo que está sucediendo y por él viviendo este malestar.

P: Tengo miedo de que tú no me sientas ya interesante y me dejes de lado...

Siento su tristeza, capto una consternación interna en él; escucho su temor de que yo no lo encuentre interesante mientras internamente vivo lo contrario. Reformulo su miedo y lo invito a entrar en plena consciencia de lo que está sucediendo en él y en mí también. Sin nombrarlo, introduzco un momento de meditación intersubjetiva, instante en el cual ambos estamos en la consciencia de nuestra experiencia, uno frente al otro. En este momento me regresa la visión que tuve esta mañana al final de la sesión: un hombre anciano y enfermo. Siento una gran pesadez sobre los hombros. Elegí reenviarle esta imagen.

T: Diego, cuando te miro y te escucho, me llega una imagen que quiero compartir contigo: ¿estás de acuerdo con eso? (Él asiente.) Te veo con un hombre anciano y enfermo y esto es pesado. ¿Esto te dice algo a ti? Él está muy sorprendido, me mira en silencio y se pone a llorar con grandes sollozos. Apoyo esa emoción: "Deja que esa emoción venga... estoy aquí contigo". Al cabo de un momento, él me mira intensamente y dice con mucha emoción:

P: Mi padre es anciano... está muy enfermo desde hace tiempo... Yo me ocupo de él, apoyo a mi familia... no puedo más... es muy pesado...

Me conmueve la intensidad de su emoción, pero también el hecho de que mi "visión" compartida con él abre el gran capítulo de la relación con su padre y su familia. Una lágrima corre por mi mejilla. Le doy tiempo para expresar todo lo que viene, sin esperar nada en particular. Estoy muy conmovido; por un segundo veo en él el hijo que no tuve y que me hubiera gustado tener. Me veo y me acepto con lo que viene, muy conectado a él. Él ve mi emoción, que amplifica la suya. Entonces, de repente, entiendo: soy el padre, viejo, con dificultades y como buen hijo llega a ayudarme proponiéndome sus servicios como traductor. Dejo que esa lectura llegue a mí, pero también a nosotros dos y se lo digo. Él se endereza, asombrado, como picado por mis palabras.

P: ¡Entonces hago contigo como lo hago con mi padre!

T: Sí, es exactamente eso. Ofreces tu ayuda para traducir; es como si tú hicieras conmigo y con el grupo lo que tú haces en tu familia... pero hoy tú haces consciente este mecanismo... Hay una gran novedad, ¿sabes cuál es? Escucho susurros en el grupo.

T: Escucha al grupo... Estoy seguro de que hablan de ti y que han visto la novedad, e incluso a algunos les gustaría poder hacer como tú.

P: Hoy me cuidé y me atreví a decirte y decir al grupo que no quería traducir.

T: Entra en plena consciencia de esta novedad... (Me dirijo al grupo.) Ustedes también observen con quién y en qué situación podrían ustedes cuidarse...

Para terminar la sesión, le agradezco haberse atrevido a hacer lo que hizo, haber tomado el riesgo de decir que no deseaba traducir más y haber contribuido al proceso de formación del grupo.

T: Gracias a ti, el grupo vio que a veces la problemática del paciente se reactualiza en la relación con el terapeuta. Ellos van a poder comprenderlo ahora y tú también. La sesión termina con un gran abrazo, como suele suceder en América Latina.

Vi a Diego de nuevo unos meses más tarde durante otro seminario. Estaba vivaz, dinámico, expresivo. Había comenzado a establecer otro vínculo con su padre y su familia, acababa de irse de casa de sus padres y se había mudado con su amiga. Él estaba muy comprometido profesionalmente con una asociación humanitaria que trabajaba en la reconciliación y el perdón entre las Fuerzas Armadas Revolucionarias de Colombia (FARC)[2] y las poblaciones afectadas y traumatizadas por la guerrilla. Fue mi traductor durante una intervención en una universidad. Estuvo excelente.

Lector, te invito ahora a revisar los capítulos que siguen, recordando estas dos sesiones, incluso volviéndolas a leer para vincular el tema de cada capítulo con una secuencia terapéutica vivida.

[2] Las FARC son una organización guerrillera formada por rebeldes marxistas que han librado una guerrilla contra el poder colombiano desde 1964 hasta 2017.

Primera parte

La consciencia en psicoterapia

Capítulo 1
El lugar de la consciencia en las terapias contemporáneas y especificidades de la terapia Gestalt

Se considera que la terapia Gestalt nació tras la aparición de dos libros publicados en Estados Unidos, el primero titulado *Ego, Hunger and Aggression: The Beginning of Gestalt Therapy*, en 1947, escrito por Fritz Perls, médico y psicoanalista alemán, y su esposa Laura, psicóloga. El segundo, de Fritz Perls, Ralph E. Hefferline y Paul Goodman, *Gestalt Therapy*, editado en 1951.

El primer libro fue publicado en francés en 1978 con el título *Le moi, la faim, l'agressivité* y el segundo, en dos tomos, *Gestalt Thérapie, technique d'épanouissement personnel* (1977) y *Gestalt-Thérapie, vers une théorie du Self: nouveauté, excitation et croissance* (1979). El primer tomo en particular contiene dos capítulos consagrados a la consciencia en terapia: "Técnica de toma de consciencia" y "Toma de consciencia dirigida".

Es interesante señalar que las premisas del enfoque llamado *mindfulness* y de la utilización de la meditación en terapia (que han tenido un notable aumento en las últimas décadas, como mencionaremos más adelante), aparecen en 1947 y 1951 en estos dos libros que marcan el origen de la terapia Gestalt, pero también de todos los enfoques contemporáneos que ponen en primer plano la consciencia y su uso concreto en la práctica.

La terapia de concentración: Precursora de *mindfulness*

En el primer libro, Perls dice en qué se diferencia su enfoque del psicoanálisis. En la tercera parte, titulada "La terapia de concentración", introduce explícitamente el tema de la consciencia y la atención llevada a uno mismo durante la vivencia de la experiencia presente. Así comienza un punto de inflexión importante en la historia del psicoanálisis y las psicoterapias:

pasamos del inconsciente a la plena consciencia en el proceso terapéutico. "Concentrarse —escribe— es ir al centro de una situación, y está relacionado con el interés y la atención: enfoco mi atención en lo que vivo porque me interesa esa situación y en lo que me hace vivir, porque me intereso en mí viviendo esa situación. Es lo opuesto al evitamiento". Perls fue un precursor y ya en esa época sentó las bases de la meditación en la vida cotidiana, en particular al tomar como práctica meditativa el hecho de comer.

> No debemos perder de vista nuestra alimentación, *debemos estar plenamente conscientes de que estamos alimentándonos.* Al principio será difícil llevar totalmente la atención al alimento, incluso por un breve instante: descubrirá que su mente se pasea y usted está por todas partes excepto en la mesa. No se obligue a concentrarse, pero recuerde fijar de nuevo su atención tan pronto se dé cuenta de que esta se le escapa. Lenta y seguramente aprenderá a concentrarse durante diez o veinte segundos, luego durante un minuto e incluso más. *Descubra un nuevo estado espiritual: de pura observación* (Perls, 1978 [cursivas en el original]).

Concentrarse en la manera en que comemos, momento a momento, significa hacerlo despacio, para masticar mejor los alimentos, de tal manera que la digestión y la asimilación se realicen con facilidad. Perls utiliza este modelo como una metáfora de todos los alimentos que absorbemos para desarrollarnos en todos los niveles: afectivo, social, profesional, cultural, espiritual. En otros términos, se trata de una invitación para que la actitud meditativa esté presente en todos los aspectos de nuestra vida. Así fue como sentó las primeras bases de la terapia Gestalt y su diferencia con el psicoanálisis. Pasamos del paradigma del inconsciente al paradigma de la plena consciencia en psicoterapia, y más exactamente en la relación paciente-terapeuta, como destacaré más adelante. Este es el tema general del presente libro.

También explica la terapia de concentración como una práctica que permite el surgimiento de las emociones:

> Recordemos también que la "terapia de concentración" abre un camino para "revivir una emoción" de una manera más rápida y efectiva que cualquier conversación o la técnica de asociaciones libres... El valor catártico de la concentración en un ser o en un evento con el que uno está en relación emocional es similar al de la hipnoterapia o el narcoanálisis, con la ventaja adicional de que esta fortalece la personalidad consciente (Perls, 1978).

Perls propone desarrollar la percepción y la consciencia de otros sentidos: el oído, el olfato y el gusto, para "obtener una vida mental cuatridimensional"; aboga por un enfoque sensorio motor, sobre todo del tacto, para permitirnos desarrollar la capacidad de sentir y entrar en plena consciencia de lo que sentimos. Hay que recordar que el fenomenólogo francés Maurice Merleau-Ponty, que mencionaré varias veces en esta obra, publicó en 1945, es decir, en la misma época, *La phénoménologie de la perception*.

Para lograr la percepción, nos invita a entrar en el *silencio interior*, es decir, estando a la escucha de nuestros pensamientos. El silencio interior sirve para mejorar nuestra capacidad de sentir y estar plenamente conscientes de la experiencia que estamos viviendo, de la que solo podemos tener conocimiento a través de la apertura de los sentidos y a través de la atención que le prestamos a lo que es. Al mejoramiento de la capacidad de sentir le seguirá un conocimiento más profundo, un "psicoanálisis" de lo que caracteriza la personalidad. Merleau-Ponty presenta este enfoque como un tipo de yoga destinada a reconectar el cuerpo con lo emocional y lo mental, pero también como una forma de psicoterapia que trabaja profundamente.

Así es como plantea explícitamente la plena consciencia como una de las bases de la psicoterapia, que origina la corriente actual de la terapia Gestalt.

Plena consciencia y crecimiento personal

En la segunda obra citada, *Gestalt-Thérapie, vers une théorie du Self*, los autores presentan de manera explícita el estar en la consciencia de... como medio de crecimiento personal y sientan las bases del *mindfulness* y la psicoterapia a través de la plena consciencia. Escriben: "En lugar de rendir culto a lo desconocido, una adoración incondicional al 'inconsciente', sería preferible apegarse a los problemas y fenómenos de la toma de consciencia [...] que se caracteriza por el contacto, la sensibilidad, la emoción de la formación de una Gestalt" (Perls *et al.*, 1951).[1]

[1] La palabra alemana Gestalt significa *forma y estructura*. La teoría de la forma se desarrolló a principios del siglo XX, sobre todo en Alemania. Laura Perls, la esposa de Fritz Perls, era psicóloga y tenía un doctorado en teoría de la Gestatl, por lo que fue ella quien introdujo elementos de esta teoría en psicoterapia. Esta teoría enfatiza la percepción. En el contexto de la terapia Gestalt, la palabra *Gestalt* se utiliza para designar la forma que emerge del fondo y del proceso terapéutico, en particular debido al acompañamiento de la consciencia; esta forma tiene con frecuencia una reacción corporal, un recuerdo traumático que se podrá hacer consciente y trabajarse por el hecho de haber surgido de manera clara.

Su enfoque, centrado en la toma de consciencia, se presenta también como una especie de yoga. Lo más notable son las consignas que ellos dieron en 1951 para entrar en la plena consciencia. Tomo la decisión de citarlos directamente, con el vocabulario de la época, en la traducción al francés que se hizo, manteniendo las comillas y palabras en cursiva que usan para destacar ciertos términos:

- mantenga el sentido de la realidad actual, el sentido de que su consciencia existe en lo inmediato;
- trate de darse cuenta de que *vive* la experiencia al jugar, al observar, al sufrir, al resistir;
- preste atención y siga todas las experiencias "interiores" y "exteriores", abstractas y concretas, aquellas que tienden hacia el pasado, también aquellas que tienden hacia el futuro, las que usted "desea", las que usted "debería" hacer, las que simplemente "son", las que usted produce deliberadamente y las que parecen producirse espontáneamente;
- en lo que concierne a cada experiencia sin excepción diga: "ahora soy consciente de..."

Como ellos mismos resumen: "Desde un punto de vista filosófico, es un aprendizaje de la fenomenología".

Perls y sus colaboradores invitan, pues, a entrar en otra forma de asociación libre además de la propuesta por Freud: una asociación libre centrada en la globalidad de la experiencia vivida, para poner en palabras las experiencias con el fin de habitarnos y animarnos al mismo tiempo que las vivimos, sean estas "físicas, mentales, sensibles, emocionales o verbales, porque es en el funcionamiento unitario del 'cuerpo', el 'espíritu' y el 'entorno' donde emerge la figura/fondo". Es lo que llamé la *cadena asociativa organísmica*. Organísmica para explicar que lo que sucede, que es sentido y llevado a la consciencia, se refiere a las diferentes instancias del organismo que funcionan como un todo. Además, por asociación o por movimiento vibratorio interno, lo que ocurre en una parte del cuerpo y que es plenamente concientizado puede hacer surgir una emoción, un recuerdo, un pensamiento, un sentimiento relacionado con la presencia del terapeuta y así continuar. Estamos en el *continuum* de la experiencia y de la consciencia, solo consigo mismo en algunos momentos, en relación con otros momentos. He aquí una más de las diferencias principales con el psicoanálisis. Es lo que me hizo abandonar el sofá y convertirme en terapeuta Gestalt con mi base psicoanalítica.

Terapia Gestalt y escaneo corporal

Ya en esa época invitaban a experimentar el escaneo espiritual, práctica que encontramos en *mindfulness* y en diferentes formas de meditación, incluidas las propuestas por Christophe André,[2] que es uno de los practicantes y autores que me ha marcado. Así es como lo formula:

> Concéntrese en las sensaciones de su cuerpo como un todo. Deje su atención pasear por cada parte de su cuerpo: ¿qué siente de usted? ¿A qué punto y con qué agudeza, qué tan claramente su cuerpo —y por lo tanto usted— existe? Note sus dolores, sus males, punzadas que generalmente ignora. Présteles atención, no intente relajarlos antes de tiempo. Procure delimitar sus contornos precisos. Note las sensaciones de su piel. ¿Siente usted su cuerpo como un todo? Note las sensaciones de su piel. ¿Siente usted el lugar donde la cabeza se une al torso? ¿Dónde están sus genitales? ¿Dónde está su pecho? ¿Dónde están sus muslos? (André, 2011).

En esa época, esta práctica no se presentaba como un medio para reducir el estrés tal como en el *mindfulness* contemporáneo, en el cual me inicié, sino como una práctica de desarrollo personal, que incluye explícitamente la plena consciencia en su saber-hacer y en su saber-ser, y que se apoya sobre una teoría: la teoría del *self*, que se presenta en el capítulo siguiente, hasta convertirse en una corriente de psicoterapia. Esta teoría sustenta un enfoque psicoterapéutico cuyos objetivos en esa época eran los siguientes:

- permitir al paciente desarrollar su capacidad de estar consciente de lo que vive aquí y ahora, comenzando por la consciencia corporal en relación con lo que lo rodea;
- expandir las zonas de la consciencia corporal;
- permitir que en el aquí y el ahora surjan sensaciones, tensiones, emociones, minirregresiones, inscripciones grabadas en su unidad psicosomática, según la hipótesis de que son las manifestaciones en la superficie y en la consciencia de huellas de situaciones inconclusas de su historia, de tal manera que pueda observarlas, aceptar que tienen un sentido y trabajarlas desde un punto de vista psicoterapéutico,
- por lo tanto, concientizar sus mecanismos neuróticos repetitivos;

[2] Christophe André es psiquiatra y psicoterapeuta. Introductor de la meditación en el contexto del hospital psiquiátrico Sante-Anne en París. Es autor de numerosos libros, entre ellos *Méditer jour après jour*.

- poner el organismo en un estado tal que pueda reactivar su capacidad de autorregulación y asimilación de los elementos de su historia que hacen que se resista a su desarrollo;
- ir hacia la novedad en lugar de permanecer en la compulsión de la repetición;
- al menos ocasionalmente, salir de la dualidad para volver a la sensación de unidad de su organismo y unidad de campo formada por el encuentro con su entorno.

Las terapias contemporáneas de la consciencia y por la consciencia

El tema de la consciencia al servicio del bienestar o mejor-estar está muy presente en esta primera parte del siglo XXI —y desde finales del siglo pasado—, al punto que imagino con frecuencia que los enfoques basados en la consciencia, validados por las neurociencias, anticipan una orientación posible de las terapias del futuro. Desde finales del siglo XX vivimos la expansión de un movimiento que inicia una verdadera revolución de mentes y espíritus, como ya lo presentó Ferguson en su notable libro de 1981.

Recordemos la etimología de la palabra meditación: del verbo latino *mederi* significa: "dar cuidados a" y "llevar remedio a". En los últimos veinte años hemos visto desarrollarse enfoques como el yoga, la corriente llamada *mindfulness* o plena consciencia, la meditación bajo diferentes formas propuestas por diversas corrientes, sobre todo de inspiración budista o cachemira o tántrica, las primeras terapias (o chamanismo) que utilizan estados de consciencia expandidos en el proceso terapéutico, las terapias como las cognitivo-conductuales y aquellas que se interesan en el trauma como la *somatic experiencing* que integran los elementos de plena consciencia en su práctica, así como cierto número de enfoques corporales que se centran en desarrollar la consciencia corporal y las características del hemisferio derecho del cerebro, como la intuición, la sensibilidad, la creatividad...

La meditación fue introducida por primera vez en los hospitales por Jon Kabat-Zinn (2009, 2010) desde finales de la década de 1970 en Estados Unidos, con el nombre de *mindfulness*, traducido (al francés y al español) como "plena consciencia", corriente que está actualmente en plena expansión en el mundo entero. Después de los creadores de la Gestalt, Kabat-Zinn supo sentir y descubrir el poder terapéutico de este enfoque. Luego llegó a Francia gracias, entre otros, a André, psiquiatra del hospital Sainte-Anne en París, quien presentó su trabajo en muchos libros. Citemos también la influencia del Dalai-Lama y de su traductor francés Matthieu Ricard, los numerosos centros budistas de meditación que se han desarrollado en Francia, las obras y seminarios de Fabrice Midal, Jacques Vigne, Thích Nhât Hanh, Daniel Odier y muchos otros.

Nuestros colegas canadienses de la Universidad Laval en Quebec, ya mencionados en el capítulo anterior, a mi parecer fueron los primeros en escribir un libro sustancial para mostrar el interés de la plena consciencia en el desarrollo personal. Hicieron una exposición muy completa de lo que es plena consciencia y de su utilización con fines terapéuticos en diferentes sectores. Como escriben en su prefacio:

> los estudios revelan que cada vez más los psicoterapeutas incorporan elementos asociados a la plena consciencia en su intervención y a nivel personal, se apoyan más y más en una gama de prácticas contemplativas para cuidarse y para su propio bienestar. Del mismo modo, el mundo de la plena consciencia está abierto al mundo de la psicoterapia, ya que la práctica de la meditación no se considera solo como una simple "práctica sobre el cojín", sino como una forma de estar en la vida cotidiana (Devault y Pérodeau, 2018).

Al mismo tiempo observamos un desarrollo muy rápido de las neurociencias y los estudios sobre el cerebro que validan estos enfoques: afirman que con la meditación ciertos circuitos neuronales que estaban cerrados pueden abrirse y también crearse nuevos. El neurocientífico Sébastien Bohler lo explica muy bien en su impactante libro *Le bug humain* (2019). Según los estudios hechos en diferentes laboratorios de investigación del mundo, existe una parte del cerebro, llamada *striatum*, que controla cinco grandes áreas de nuestra vida: la supervivencia y la alimentación, el estatus social, el sexo, la información, la comodidad y la ley del mínimo esfuerzo. Cada vez que recibimos una gratificación en una de estas áreas, el striatum produce más dopamina, lo que trae un estado de bienestar y también, con la repetición, un condicionamiento. En otras palabras, el ser humano siempre quiere más y esto es lo que, según el autor, explicaría las adicciones, incluidas aquellas a las nuevas tecnologías de la comunicación y a las redes sociales (en particular Facebook), que se utilizan precisamente para reforzar la imagen y el estatus social. Así habríamos llegado, en la historia de la humanidad, a un vasto proceso de autodestrucción. El individuo que siempre quiere más está atrapado en un sistema que lo incita a consumir más para dar una mejor imagen que su vecino, es prisionero de más y más adicciones de todo tipo, en detrimento de la ecología, del respeto a los demás y el medio ambiente. Cada una de las satisfacciones sobre estos cinco puntos refuerza el condicionamiento por la liberación de dopamina. Desde el punto de vista del cerebro, no hay ninguna razón para que este proceso se detenga, porque el ser humano estaría condicionado por eso. ¿El remedio? Según Bohler, iniciado en la plena consciencia por André y las investigaciones realizadas en neurociencias, la meditación de plena consciencia será una de las prácticas que permitirán atenuar el proceso y quizá incluso, a largo plazo, revertirlo.

De hecho, han observado en los laboratorios que el striatum comienza a producir más dopamina también con la práctica de la plena consciencia, y registran que durante la práctica de meditación se produce mayor bienestar y placer. Por lo tanto, se podría establecer un nuevo condicionamiento y con él un nuevo sistema de valores que incluya el altruismo y el respeto por uno mismo, por los demás y por el planeta. ¿Será por ese motivo que la meditación se ha practicado durante dos o tres milenios en ciertas regiones del mundo?

También notamos un hecho impensable y extraordinario que surgió, hace solo unos años, en Francia: la Universidad de Estrasburgo ofrece ahora capacitación y un diploma en meditación. Según su presentación en internet, al final de esta enseñanza,

> los profesionales de la salud y los investigadores habrán descubierto los aspectos fenomenológicos y neurocientíficos de la meditación y de sus aplicaciones en el campo de la salud. Habrán adquirido una consciencia de este campo coconstruido a partir de enfoques teóricos multidisciplinarios y de una práctica intensiva de meditación compartida durante las dos semanas de enseñanza y el periodo que las conecta (www.unistra.fr).

En el campo de la psicoterapia, la terapia Gestalt —uno de cuyos fundamentos, como hemos visto, es estar en la consciencia de… en relación— ha experimentado un notable crecimiento internacional, desde su aparición en Europa en la década de 1970, hasta el punto de que actualmente es la segunda forma más popular de psicoterapia en el mundo.

Mencionemos también el gran interés que existe actualmente por el chamanismo, parte de este vasto movimiento de expansión de la consciencia, que participa de su exploración mediante prácticas que nos permiten descubrir sus niveles y sutilezas, como veremos más adelante. Dejo de lado el término "chamanismo", porque se ha convertido en una caja que incluye muchas cosas, y me quedo con la denominación de "terapias ancestrales tradicionales" o "terapias primarias". Hace más de veinticinco años que me he orientado hacia estas terapias ancestrales de América Latina que provocan estados de consciencia ampliados por medio de "plantas sagradas", acopladas con una forma de musicoterapia. Presenciamos una verdadera revolución, criticada y criticable porque se ve desde la perspectiva de un turismo chamánico de moda, pero interesante porque plantea a su manera la cuestión de la consciencia en el proceso terapéutico. Refleja también la inspiración de muchos de nosotros de salir de los caminos trillados para continuar descubriendo nuestro mundo interior a través de métodos diferentes a los del viejo continente.

¿Qué tienen en común todos estos enfoques? La consciencia.

A lo largo de este libro me colocaré en una perspectiva fenomenológica que me lleva a usar la expresión "estar en la consciencia de… en presencia del otro". Esto para destacar que nosotros no estamos en la abstracción "consciencia", sino que siempre nos referimos a una experiencia vivida aquí y ahora, en terapia o en la vida cotidiana, con nuestros diferentes entornos, sean próximos o lejanos, sean humanos o "no humanos", para retomar el título del libro del psicoanalista estadounidense Harold Searles, *L'environnement non humain* (1986). Debo indicar también que esta actitud nos permite colocarnos en un estado tal que podemos comenzar a captar lo que ya está ahí, pero aún no es visible y que en varios de mis artículos he llamado *lo-ya-está-ahí-aún-no-concientizado*. Estas diferentes prácticas me han permitido sumergirme en lo que se llama *awareness* en terapia Gestalt, y vivir por experiencia lo que se llama *campo*, temas que expondré más adelante. Presentaré también la consciencia en sus dos modalidades clásicas descritas en la terapia Gestalt: *awareness*, que es la consciencia sensorial-corporal, y *consciousness*, que es la consciencia reflexiva (véase el capítulo 2).

El aporte de la Gestalt a las terapias del siglo XXI: La plena consciencia en la relación terapeuta-paciente

Hacia una psicoterapia intersubjetiva

He aquí la Gestalt que legítimamente regresa a su justo lugar en la historia actual de las psicoterapias y en particular de aquellas en las cuales uno de los fundamentos es estar en consciencia de, pero es mucho más que eso. La dimensión intersubjetiva se toma en cuenta cada vez más, inducida por el concepto de *campo-organismo-entorno*, que también se presentará en este libro.

Desde su origen, en el trabajo considerado fundador (Perls *et al.*, 1951), los autores nos invitan a realizar cierto número de prácticas para desarrollar nuestra capacidad de estar en la plena consciencia de lo que vivimos, en el momento en que lo vivimos y conectado con lo que nos rodea. Esto permitiría, según ellos, la reunificación de los diferentes componentes de nuestro organismo: el cuerpo, lo emocional, el recuerdo, lo mental, el todo en relación con nuestro entorno. "Usted y su entorno no son entidades independientes, sino que forman un sistema total, en el que las dos partes se influyen mutuamente. Sin su entorno, usted —sus pensamientos, sentimientos, tendencia a la acción— no podrían organizarse, concentrarse, tener una dirección. Y sin usted, ser vivo, su entorno sería inexistente" (Perls et al., 1951). Así sientan las bases de la terapia relacional y de lo que hoy llamamos *terapia intersubjetiva.*

La terapia Gestalt contemporánea se define como una terapia de relación y por la relación. Su originalidad es reunir la relación terapeuta-paciente y la consciencia que uno y otro tienen de esto que viven en ese "estar juntos" particular.

El terapeuta Gestalt acompaña el proceso de tal manera que "estar juntos" se lleva a la plena consciencia en sus diferentes manifestaciones sensoriales-corporales, emocionales, mentales, creadoras. Hasta crear una "consciencia común" que es la matriz o envoltura en la que se produce el "contacto", como se define en las diferentes modalidades en el próximo capítulo.

Guilhème Perodeau, uno de los coautores de la obra quebequense, presenta la psicoterapia gestaltista de relaciones del objeto (PGRO), que es una de las corrientes de la terapia Gestalt, y describe bien este proceso:

> Las técnicas utilizadas por la terapia Gestalt apuntan generalmente a la toma de consciencia y la exploración de los pensamientos, los comportamientos y las emociones. El terapeuta es un "participante-observador activo". Su atención (*awareness*), que proviene de su postura de indiferenciación creativa, lo lleva a tomar consciencia de sus percepciones y de sus sensaciones en el contacto con su cliente. A cambio, esto le permite llevar al cliente a una toma de consciencia global de sus estrategias y ver cómo estas favorecen o perturban la autenticidad de su contacto con el mundo, ayudándolo así a desarrollar y refinar su propia atención (*awareness*) (Perls *et al.*, 1951).

Meditación intersubjetiva en relación

Una de las grandes novedades en la historia de los psicoterapeutas relacionales del siglo XXI es que la terapia Gestalt puede introducir, en el proceso terapéutico, lo que llamo la *postura meditativa*: el terapeuta y el paciente, en determinados momentos del proceso, se concentran, los dos juntos, en la experiencia que están viviendo, al mismo tiempo que el paciente cuenta su historia. Es lo que llamo *meditación intersubjetiva*: el terapeuta puede entrar en esta postura que consiste en invitar al paciente a tomar plena consciencia de lo que está viviendo al contar lo que cuenta o en la relación con su terapeuta, en los momentos de emoción o de tensión o de malestar; el terapeuta también toma plena consciencia de lo que siente en ese momento en relación con el paciente. Así, la relación en consciencia se convierte en el fondo a partir del cual pueden surgir formas significativas,[3] reacciones, emociones, estados internos, imágenes, recuerdos en los que se profundizará durante el proceso terapéutico.

Durante muchos años experimenté en mis seminarios de formación, sobre todo en los institutos de formación en América Latina, esta forma de meditación intersubjetiva: en lugar de meditar solo con uno mismo, meditar frente a otra persona con un contacto visual, con una intención psicoterapéutica y entrar en plena consciencia de la experiencia vivida frente al otro, a medida que esta se desarrolla. Estar en el *continuum* de la experiencia en relación y así entrar en una consciencia común y hacer del "campo organismo-entorno" un campo consciente donde los dos cuerpos en relación están en el centro, ya que la consciencia no puede existir sin el soporte corporal. Cuerpo y consciencia son indisociables.

La corriente de la plena consciencia, como señalan nuestros colegas del norte de Europa, llevará a los terapeutas Gestalt a reapropiarse de este aspecto de su enfoque y convertirlo en una terapia del siglo XXI.

El encuentro paciente-terapeuta: Un campo unitario

El otro aporte de la terapia Gestalt a las terapias contemporáneas es que introduce el concepto de *campo* que Kurt Lewin —considerado como uno de los creadores de la psicología social— desarrolló en la década de 1940. Nosotros consideramos el encuentro paciente-psicoterapeuta como un campo, es decir, como un todo, que se organiza a partir de ciertas carac-

[3] Expuse esta manera de pensar y de practicar la Gestalt en los siguientes artículos: "L'intercorporalité", *Revue Gestalt*, 43, 2013; "Le pouvoir de la conscience dans le processus de thérapie", *Revue Gestalt*, 47, 2016; "La posture méditative en psychothérapie", *Revue Gestalt*, 48-49, 2016, y "Quand la conscience s'éveillera", en B. Blin y A. Delourme, *Quand la conscience s'éveillera*, París, L'Harmattan, 2016.

terísticas que presentaremos más adelante, en el capítulo 6. Esta noción de *campo* requiere capacitación específica y le da al terapeuta la oportunidad de desarrollar competencias que mencionaremos a lo largo de este libro. La plena consciencia, en tanto que práctica en el proceso terapéutico, no hace más que brindar más alivio y visibilidad a lo que nosotros llamamos *campo* y a sus principios operativos.

¿Cómo integrar la terapia de concentración o plena consciencia en psicoterapia?

La terapia Gestalt ofrece un modelo de cómo integrar la plena consciencia en psicoterapia con la teoría del *self*, que se presenta en el capítulo siguiente. Lo que sigue se centra en este tema, muestra cuándo y cómo hacerlo, y subraya cómo los cuerpos se implican y se comprometen en el proceso, ya que a través de estos se manifiestan el sentir y la atención que se presta al sentir.

No es necesario, sin embargo, ser un terapeuta gestáltico para utilizar la atención plena en psicoterapia. Stern y nuestros colegas de Quebec escriben que todos los terapeutas, sobre todo los que se refieren a las corrientes humanistas, existenciales, sistémicas y las terapias cognitivas y conductuales (TCC) pueden integrarlo en sus prácticas.

Los autores del cuarto capítulo de *Pleine conscience et relation d'aide* (Devault y Pérodeau, 2018) proponen cuatro maneras de integrar la plena consciencia en psicoterapia:

- la plena consciencia como forma de desarrollar la presencia en la postura del terapeuta, quien adopta una actitud interior de centrarse en sí mismo en la práctica de la psicoterapia;
- la práctica regular de la meditación o plena consciencia o terapia de concentración que le permite desarrollar cualidades indispensables, como la empatía, la sensibilidad y la presencia en las dimensiones sensoriales, emocionales, cognitiva y energética. Es lo que llamo la *postura meditativa del terapeuta*;
- "la psicoterapia inspirada por la plena consciencia" en la que, cualquiera que sea la corriente a la que pertenezca el terapeuta, este practica para sí mismo la meditación, mientras comienza a invitar al paciente a centrarse en sí mismo y a tomar consciencia explícita de sus maneras de ser y de hacer;
- "la psicoterapia basada formalmente en la plena consciencia", en la que el terapeuta enseña al paciente la práctica de la plena consciencia y le pide que la integre en su vida cotidiana.

Mi manera de concebir la psicoterapia relacional basada en el concepto de campo *organismo-entorno* o campo *terapeuta-paciente* propone una síntesis de las cuatro proposiciones precedentes, pero agrega la práctica de la meditación intersubjetiva, que presentaré en diferentes partes de este libro. Estos son los momentos en los que dejamos el contenido para centrarnos en la experiencia vivida en presencia del otro, en plena consciencia del *continuum* de la consciencia. En este modelo la dimensión corporal de uno y otro juntos es fundamental.

Capítulo 2
Contribución de la terapia Gestalt a la noción de consciencia *awareness* y *consciousness*

Había una vez la consciencia...

Cierre los ojos... Lleve su atención a usted... Entre en la plena consciencia de su cuerpo... de su respiración... de sus sensaciones... del contacto que usted tiene con su sillón... Entre en la plena consciencia de usted en este momento... tal como es... ahí donde esté... Permita que surja... Confíe en lo que viene... Déjese sorprender... Ahora, mantenga los ojos abiertos frente a la persona que está frente a usted... en silencio... como una meditación de dos uno frente al otro... Entréguese a lo que venga...

Este acto en apariencia muy simple que consiste en enfocar su atención sobre sí mismo, luego en sí mismo frente al otro, ha revolucionado el mundo de la terapia. Cuando Fritz Perls introdujo el tema de la terapia de concentración, no sospechaba en absoluto que sería un pionero en la utilización de la atención hacia sí mismo en el proceso terapéutico, al destacar las características de la relación terapeuta-paciente, en lo que hoy se llama la *psicoterapia intersubjetiva* y a lo largo de este comienzo del siglo XXI que da su lugar a la plena consciencia y la meditación.

El contexto: La psicología humanista

Algunos precursores de las psicoterapias contemporáneas

Desde la década de 1950, la psicoterapia, que obedecía esencialmente al psicoanálisis o al conductismo, se involucra en una gran revolución: entra entonces en la era de la psicología humanista o *tercera ola*, como se llamó. No solo se interesa en el inconsciente o en el comportamiento, sino en el ser humano en su conjunto. Es la época de los grandes psicoterapeutas innovadores que marcaron a muchos terapeutas de mi generación y que continúan alimentando la psicoterapia contemporánea. Los cito aquí por orden de nacimiento:

- Sigmund Freud (1856-1939), creador del psicoanálisis;
- Carl Gustav Jung (1875-1961), psicoanalista disidente, creador de conceptos como el inconsciente colectivo y los arquetipos, considerado como el iniciador de la psicología transpersonal;
- Roberto Assagioli (1888-1974), creador de la psicosíntesis y pionero de la corriente de las psicoterapias transpersonales;
- Jacob Levy Moreno (1889-1974), quien inventa el psicodrama, la psicoterapia de grupo y la noción de proceso grupal;
- Kurt Lewin (1890-1947), quien introduce la psicología social, el concepto de *campo* y la dinámica de grupos;
- Fritz Perls (1893-1970), psiquiatra y psicoanalista, considerado como el padre de la Gestalt;
- Donald Winnicott (1896-1971), paidopsiquiatra y psicoanalista, basa su clínica y su teoría en la noción de *self*, a partir de sus observaciones en niños pequeños;
- William Reich (1897-1957), psiquiatra y psicoanalista, rechazado por Freud porque se había atrevido a introducir el cuerpo y la respiración en el proceso terapéutico y que está en los orígenes de muchas prácticas corporales;
- Milton Erickson (1901-1980), creador de la hipnosis terapéutica, llamada hoy *hipnosis ericksoniana*;
- Carl Rogers (1902-1987), psicólogo humanista y psicoterapeuta, se interesa explícitamente en la relación, en la postura del terapeuta y el concepto de *empatía*;
- Laura Perls (1905-1990), psicóloga con un doctorado en Gestalt, pianista de alto nivel, cocreadora de la Gestalt con F. Perls;
- Georges Devereux (1908-1985), psicoanalista y antropólogo, introdujo el concepto de *etnopsicoanálisis* y toma en cuenta el fondo cultural del otro en el proceso terapéutico;
- Abraham Maslow (1908-1970), psicólogo considerado como uno de los pioneros de la psicoterapia humanista, conocido por su pirámide de las necesidades;
- Alexander Lowen (1910-2008), psiquiatra y psicoterapeuta que, siguiendo a W. Reich, crea las terapias psicocorporales;
- Eric Berne (1910-1970), psiquiatra, creador del análisis transaccional;

- Paul Goodman (1911-1972), escritor y pensador, pone al servicio de la Gestalt su capacidad de pensar y teorizar, para desarrollar la teoría gestaltista del *self*;
- Heinz Kohut (1913-1981), psiquiatra y psicoanalista, se interesa mucho en el narcisismo y trabaja también con la noción de *self*;
- Alan Watts (1915-1973), escritor, influyó en muchos terapeutas Gestalt por sus conocimientos de filosofía y prácticas espirituales orientales;
- Virginia Satir (1916-1988), considerada como una de las creadoras de la terapia familiar
- y muchos otros...

La psicoterapia humanista se construyó en Estados Unidos, en este burbujeo de ideas y nuevas prácticas, sobre una antropología del hombre vivo, creador, comunicativo, en busca de la comprensión y la resolución de sus problemas, pero también para descubrir el potencial que lleva en él. Es lo que en esa época llamamos el *movimiento del potencial humano*.

La psicoterapia, un proceso meditativo en sí mismo

A este movimiento que conocí muy bien en mi periodo canadiense, de 1974 a 1981, la terapia Gestalt aporta esta gran originalidad de la que ya hablé: que yo sepa, es el único enfoque que ha puesto en el centro de sus fundamentos la noción de *consciencia* y el *continuum* de consciencia. Lo que aporta al espíritu de *mindfulness*, tal como me fue trasmitido es: "lleva tu atención a ti frente al otro, con plena consciencia de su presencia..." Así, el proceso terapéutico en algunos momentos se convierte en una meditación de plena consciencia de dos, uno con el otro, uno frente al otro. La psicoterapia se convierte en "un proceso meditativo en sí mismo", como lo señalan Joanne Cyr y Alain Mercier en el capítulo 6 del libro coordinado por Devault y Pérodeau (2018). Nos conduce hacia lo que Stern llama *consciencia intersubjetiva* y se inscribe en la corriente de las psicoterapias intersubjetivas. "Las reflexiones sobre la intersubjetividad, la matriz de una psicología de dos individuos, me han llevado también a una nueva forma de consciencia, 'la consciencia intersubjetiva', una forma de reflexión que nace cuando somos conscientes del contenido de nuestra mente porque el espíritu del otro nos envía un reflejo" (Stern, 2003).

La originalidad de la terapia Gestalt es también haber creado, a partir de estas diferentes prácticas e ideas, una teoría que le es propia, la teoría del *self*, expuesta en *Gestalt Therapy* (Perls *et al.*, 1951). Es también lo que la diferencia de la corriente de *mindfulness*, tal como me fue trasmitida. Esta orientación, que ahora se enseña y practica en muchos países, es la desarrollada y transmitida por el Instituto Francés de Terapia Gestalt, del que fui cofundador en 1993, y codirector durante veinte años. Subraya las ideas y prácticas que presento en este libro, al mismo tiempo que este libro las completa y las hace evolucionar. Le doy mi toque personal a partir de las influencias que me marcaron, presentadas en los dos capítulos siguientes y que integré en mi saber-hacer y mi saber-estar: mis experiencias de vida y profesionales, los riesgos que he tomado, mis investigaciones personales, muchas veces consideradas atípicas, los descubrimientos que he hecho impulsado por mi curiosidad sobre la naturaleza de la psicoterapia y del ser humano. Al final de este libro presentaré la relación terapeuta-paciente en su dimensión transpersonal.

La consciencia en terapia Gestalt

Existen dos términos para designar en inglés la consciencia: *awareness* y *consciousness*; se retoman en muchos idiomas e institutos de formación en terapia Gestalt en el mundo, ya que aportan importantes matices para la comprensión del concepto *consciencia* y su uso en la práctica que no existen en otros idiomas.

Awareness, *algunas representaciones*

Recuerdo la época de mi formación en Canadá, donde mis instructores del Institut Québécois de Gestalt y los Institutos de Los Ángeles y de Cleveland nos recordaban constantemente que el *awareness* era el fundamento de la terapia Gestalt. Hoy, cuarenta y cinco años más tarde, estoy más convencido que nunca.

Se han dedicado libros y numerosos artículos a este tema. Citaré en particular *Awareness, Exploring, Experimenting, Experiencing*, de John O. Stevens (1989), cuya primera parte podría considerarse como una presentación de lo que hoy llamamos la *plena consciencia*. El número 27 de la revista francesa *Cahiers de Gestalt-thérapie* está igualmente dedicado a este tema (2011). Definimos la consciencia de acuerdo con el Institut français de Gestalt-thérapie como "la consciencia implícita inmediata del campo".

Gary Yontef, uno de los primeros gestaltistas en Estados Unidos, que marcó a muchos terapeutas en el mundo, la presenta así: "La consciencia inmediata es una forma de experiencia. Es el proceso que consiste en estar en contacto vigilante con el evento más importante del campo individual-ambiental con un máximo de apoyo energético, sensorio-motor, emocional y cognitivo... La consciencia inmediata es en sí misma la integración del problema" (Bloom, 2011).

D. Stern, quien para mí es una referencia, hace del *awareness* un concepto importante para comprender el "momento presente". La palabra *awareness* se traduce, en su obra (2003), por "consciencia primaria". Él la define así con base en otros autores: "concierne a la experiencia directa, la sensación cruda, la manera en que las cosas parecen estar en el 'escenario' del espíritu, 'la impresión que eso causa'". Explora el momento presente y muestra cómo este se construye y se estructura a partir de la consciencia. "Dar forma al momento presente mientras se desarrolla en un proceso implícito; sin embargo, para que una experiencia merezca la calificación de momento presente, debe ser parte de la consciencia primaria o de una especie de consciencia reflexiva". El momento presente es una manera de nombrar el concepto "aquí y ahora" al que K. Lewin daba mucha importancia en la dinámica de grupos y que se retoma en terapia Gestalt y en todas las formas de meditación.

Cyr y Mercier (Devault y Pérodeau, 2018, cap. 6), que utilizan la plena consciencia en psiquiatría, apuntan:

> Dadas las deficiencias específicas de nuestra clientela y nuestra perspectiva relacional, que otorga gran importancia a las interacciones explícitas e implícitas en el aquí y el ahora de la relación, el uso de la plena consciencia es un medio muy útil para aumentar la consciencia (*awareness*) de cada uno de los protagonistas de la díada terapéutica durante todo el proceso de terapia.

Awareness*: Consciencia primaria básica*

Trataré de presentar mi visión actual del concepto *awareness*, es por lo tanto muy subjetiva, susceptible de modificarse, pero también de hacer surgir diferentes críticas y visiones en cada uno de ustedes; es también la razón por la cual todo lo que sigue está en condicional.

El *awareness* es la consciencia que aún no es consciente de sí misma, de la que todavía no tenemos un conocimiento explícito, pero que puede activarse en el organismo al observarlo. Es paradójico, ya que puede velar por nosotros y cuidarnos cuando es necesario sin que seamos conscientes, como al permitirnos tener buenos reflejos en la autopista. Podríamos ir tan lejos como para decir que es capaz de provocar un síntoma, si lo consideramos como una señal de alarma, como un mensaje existencial y como una manifestación de lo que no pudimos o no quisimos concientizar a tiempo y que nos hubiera permitido hacer los reajustes necesarios. Esta consciencia primaria de la que no somos realmente conscientes, pero que se activa casi de manera automática cuando es necesario, sería entonces una vigilancia de base

- *primaria*, porque no es elaborada, no se pone en palabras, en conceptos, porque actúa espontáneamente en caso de necesidad, porque es en sí misma vigilante. Cuando usted conduce, todo está bien, se hace de manera automática. Si surge un problema, usted tiene la "presencia mental" de reaccionar con rapidez y de manera precisa. Primaria porque es también la sensación sentida en estado puro, antes de que se mentalice; evoca el instinto, el instinto animal;
- *básica*, porque es el punto de partida de alguna cosa que solo se conocerá en el desarrollo del proceso. Con la experiencia, la percibo cada vez más como la base de la vida en nosotros, como concomitante con el impulso vital al que puede dar aliento y orientación.

Hoy podría decir que el *awareness* ya está ahí, nos sumergimos en un océano de *awareness*, para retomar la expresión de John Welwood (2003). Las prácticas meditativas o aquellas que llamábamos "*sensorio-awareness*" en mis tiempos en Canadá sirven para despertar los elementos de lo que llamo lo "*ya-ahí-aún-no-concientizado*", que sería el *awareness* o consciencia inmediata implícita del campo.

Awareness, *cuerpo sintiéndose y sintiendo*

Por extensión, el término *awareness* se utiliza con mucha frecuencia para designar el proceso por el cual vamos a entrar en una consciencia más fina de nosotros mismos al sentir, experimentar, vivir, hacer aquello que estamos por hacer. Es el proceso que consiste en llevar la atención a uno mismo y vivir la experiencia en sus dimensiones sensorial, fisiológica, emocional, relacional, interrelacional, imaginaria, sin interrumpir la experiencia con palabras o con un intento de comprensión, continuamente; es lo que se llama *continuum* de la consciencia. Es lo que Luis Anza (2007)[1] denomina la *vía del sentir* o *el cuarto reino*.

[1] Luis Anza, de origen chileno, es artista, escritor, iniciado en el chamanismo latinoamericano, conocido por su libro *Las siete plumas del águila*, en coautoría con Henri Gougaud. Desarrolló la "forma de sentir" y escribió *Le quatrième royaume*, obra en la cual presenta el acto de sentir como la vía real para acceder a ciertos recuerdos que están grabados en nuestro organismo y que guardan lo que ha permanecido en secreto. No utiliza la palabra *awareness*, pero toda su obra es como una oda al *awareness* y a su poder en el proceso de conocimiento de sí mismo.

Este proceso presenta dos características principales:

- Es a través del cuerpo "sentido y sintiendo" (Merleau-Ponty, 1945) como el *awareness* se revela cuando la atención está enfocada en sí mientras se experimenta algo. ¿Tenemos algún otro apoyo para sentir las manifestaciones de la consciencia en nosotros? El cuerpo es la materia viva que nos da nuestra forma humana, que permite que la consciencia se manifieste y encarne, es el cuerpo-consciencia. Es la razón por la cual todas las prácticas corporales que permiten desarrollar nuestra capacidad de sentir, las diferentes formas de meditación, *mindfulness* y otras prácticas, son necesarias para despertar el *awareness* y permitirnos acceder a una consciencia más o menos difusa y confusa, luego más clara, hasta una claridad neta y explícita de algunos elementos del *ya-ahí-aún-no-concientizado*;
- El *awareness* permite el surgimiento de ciertos recuerdos inscritos en el organismo y en espera de ser despertados y revelados. Este es un viaje a la consciencia-vigilancia que se ha vuelto un poco más explícita y que nos conduce a veces a zonas de nosotros mismos que han permanecido cerradas, desconocidas, y que no son forzosamente del orden del inconsciente en el sentido freudiano. Está ahí presente en el no-consciente y es a partir de esta apertura como pueden emerger en primer plano, en el campo de la consciencia inmediata, elementos de nuestra historia que han quedado en el olvido. Prestamos especial atención a nuestro "cuerpo como fondo", para retomar una expresión de los creadores de la Gestalt, porque consideramos que el cuerpo es un lugar de recuerdos: recuerdos de nuestra historia personal, de la historia genealógica, recuerdos celulares y ADN. Fritz Perls recibió la influencia de W. Reich, con quien estuvo en terapia y que desarrolló la idea de que toda nuestra historia está inscrita en nuestro cuerpo y que el "estar en la consciencia de... en la continuidad y en relación" puede hacer surgir algunos de estos registros.

Consciousness

Es más fácil definir la noción de *consciousness*: es el *awareness* que ocurre en lo cognitivo, en lo explicativo, en el descubrimiento que nosotros hacemos a propósito de lo que nos sucede durante el proceso terapéutico o en la vida cotidiana. Es la consciencia en la dimensión reflexiva y cognitiva: "Ah sí, me doy cuenta de que... Soy consciente de que... repito tal comportamiento contigo, mi terapeuta o en mi vida diaria, y me doy cuenta de que lo hago con frecuencia en mi vida, pero hasta ahora no me había dado cuenta". Es el *awareness* que pasa a través de lo simbólico y de cierta definición que podemos dar verbalmente de nosotros mismos en relación con el mundo: "descubro, reconozco que soy alguien que..." Es la consciencia puesta al servicio del desarrollo de nuestra identidad, de nuestra capacidad de beneficiarnos de nuestras experiencias de vida y de nuestra inteligencia orientada hacia nuestro desarrollo personal, afectivo, profesional, social, intelectual, espiritual. Es el *awareness* que se vuelve consciente de él mismo, u observador de él mismo y que luego puede expresarse en palabras y cuestionarse, en el pensamiento y el movimiento, lo que somos profundamente. Y a partir de ahí: ¿Qué es el hombre? ¿Cuál es su relación con el mundo? ¿Cómo se alía con sus diferentes entornos para participar de la evolución del mundo y su trascendencia?

Hacia una plena consciencia global: **Awareness** *y* **consciousness** *aliados*

En el proceso terapéutico observamos si *awareness* y *consciousness* están aliados, si es uno u otro el que domina, si están disociados. Con mucha frecuencia, en terapia nos encontramos con personas que están encerradas en lo mental, la explicación, lo racional, que están como desensibilizadas; otras, por el contrario, están abrumadas por lo emocional. Acompañamos el proceso para que ambas formas de consciencia se alimenten, se informen mutuamente y movilicen el ser que somos hacia la acción, la negociación con los otros, la toma de decisiones, los ajustes que constantemente tenemos que hacer en nuestra vida. Es la fluidez entre una y otra y su capacidad de informarse y potencializarse mutuamente lo que conlleva a lo que llamamos *ajuste creativo*: en algunas situaciones tratamos de ajustarnos a una nueva manera, más adaptada, que nos saca de la repetición neurótica, en lugar de "recaer" en modelos conocidos y repetitivos.

El proceso *awareness-consciousness* aplicado en psicoterapia permite expandir el campo de la consciencia hasta que los elementos de lo que ya estaba ahí en el no-consciente emergen al primer plano. Llegamos a una suerte de trance hipnótico ligero en el cual participan el paciente y el terapeuta. En mi opinión, este es el estado común necesario para que se produzca un cambio, ya que no se realiza solo mediante el análisis de la situación, la voluntad, la razón, la movilización de lo mental. El compromiso de estar "en la consciencia de..." en la continuidad, es lo que los terapeutas Gestalt llaman el *continuum* de consciencia, que hace posible ampliar considerablemente el campo de la consciencia y, por lo tanto, que el cuerpo exista, ya que la consciencia es siempre consciencia de algo que pasa por él, incluido lo imaginario.

Lo que es muy fuerte es cuando las dos consciencias, inmediata (*awareness*) y reflexiva (*consciousness*), operan simultáneamente y relacionadas una con otra. Esta puede ser una fuente de plenitud y hacernos vivir la sensación de que somos uno, porque en esos momentos nos sentimos conectados a nosotros mismos y al otro; nos sentimos parte de un campo común provocado por la presencia de uno y del otro, juntos en la consciencia; salimos de la dualidad para entrar en lo que algunas tradiciones llaman la *no-dualidad*, como la *Advaïta Vedanta* (Waite, 2015), que proviene del hinduismo y que fue enseñado en Francia sobre todo por Arnaud Desjardins. También ocurre que esto nos conecta con eventos o épocas de nuestra historia, la naturaleza, el universo. Dan Bloom (2011) lo describe muy bien: "La consciencia reflexiva con consciencia inmediata es una consciencia corporeizada, una experiencia de contacto que lleva a esta plenitud de conocimiento humano y las posibilidades de estar conectados como personas, de ser con, en una relación íntima; cuanto más conectados estén el *awareness* y el *consciousness* de manera homogénea, más se construyen sólidamente y son ricos en contactos".

La atención

En estos dos modos de consciencia se trata de prestar atención a uno mismo viviendo la experiencia. Como dice Jacques Vigne en *Soigner son âme* (1996), "la atención es la consciencia en acción. Sin ella no hay progreso psicológico o espiritual posible... La atención a lo que hacemos es el motor de la transformación... La atención sana".

En la teoría gestáltica de *campo-organismo-entorno*, la consciencia se considera como una manera de estar en el mundo. No es una cosa sino un acto, una movilización hacia... no existe en sí misma; es el acto de sentir y de contactar con lo inmediato de la totalidad "organismo-entorno".

Los terapeutas gestálticos muchas veces se apoyan en esta frase de Edmund Husserl (2000): "toda consciencia es consciencia de algo". Es un proceso activo que requiere una movilización del ser, un deseo, una curiosidad sobre sí mismo comprometido con la vida, un deseo de descubrir: descubrirse en sus fundamentos manteniéndose involucrado en la sociedad, un espíritu aventurero listo a explorar las zonas de sí mismo desconocidas, oscuras y a aceptarlas.

También es un proceso de bienvenida, de dejarse ir, de abandonarse a lo que viene sin plantear preguntas, teniendo confianza y fe en el proceso. Es lo que en Gestalt llamamos el *camino medio*, una idea tomada de la conjugación de los verbos del griego antiguo. Esto se traduce en francés por verbos pronominales. Por ejemplo, en "yo me paseo", yo soy a la vez activo y pasivo, me hago a mí mismo alguna cosa que yo me dejo hacer; yo hago la acción de caminar y al mismo tiempo me abandono a esta acción. Es una combinación de activo y "dejar ir" que se une al mensaje de ciertas tradiciones orientales

AWARENESS Y *CONSCIOUSNESS* EN LA TEORÍA DEL *SELF*

La teoría del self

Los creadores de la terapia Gestalt fueron visionarios, practicantes y pensadores muy avanzados para su tiempo. No solo sintieron, desde finales de la década de 1940, el interés por la plena consciencia y la meditación en el proceso terapéutico, como explicamos en el capítulo anterior, sino que estaban ansiosos por fundar una corriente psicoterapéutica y crearon una teoría que da a esta práctica los fundamentos en diferentes planos:

- *filosófico*, con la fenomenología, sobre todo según E. Husserl, M. Heidegger y M. Merleau-Ponty;
- *antropológico* (en el sentido planteado por F. Perls y P. Goodman), al plantear la pregunta: ¿qué es el hombre?, y de nuestra concepción explícita y en especial implícita del ser humano en su relación con el mundo;
- *oriental*, a través de la influencia de la meditación en el proceso terapéutico y el trasfondo taoísta que encontramos en la obra de P. Goodman, coautor del libro *Therapy Gestalt* (Perls *et al.*, 1951);
- *teórico*, al construir la teoría del *self*, con sus conceptos de autorregulación organísmica, sus tres modalidades de funcionamiento del organismo en su relación con el entorno, sus nociones de campo organismo-entorno, contacto y modos de contacto, experiencia, frontera-contacto, ajuste creativo, apoyo al proceso, postura del terapeuta;
- *metodológico*, al hacer de la consciencia una herramienta clínica de apoyo que aporta a la experiencia vivida en proceso, de la creatividad del terapeuta en relación con la de su paciente, un experimento de novedad;
- *psicopatológico*, al trabajar para conocer al ser humano en sus funcionamientos llamados *patológicos*, desde la perspectiva de la fenomenología, de la relación y del concepto de *campo*.

Esta es la teoría del *self*, presentada en la obra de referencia *Gestalt Therapy* (Perls *et al.*, 1951). Da los puntos de referencia sobre cuándo y cómo apoyar el proceso de concientización en psicoterapia, cuando el paciente habla de sus preocupaciones, pero también en la coconstrucción de la relación que se teje entre ambos durante las sesiones. Voy a presentar la teoría brevemente para aclarar a los lectores que no conocen o conocen poco la terapia Gestalt.

El término *self* era ya utilizado en psicoanálisis, en particular por Winnicott (1958), en una obra célebre que reúne un conjunto de textos escritos entre 1947 y 1958; en esta lo percibe como una especie de núcleo central del ser humano, que le da sentimiento de seguridad, su verticalidad, su capacidad de convertirse en ser humano, al mismo tiempo autónomo y conectado con los otros, su capacidad para gestionar los diferentes registros de su vida. Este núcleo central es un proceso que se coconstruye primero en la relación con la madre (¡en ese momento no hablábamos del padre!), basado en particular en dos conceptos que inventó: la madre suficientemente buena y el espacio transicional.

En terapia Gestalt, el *self* se percibe de manera muy diferente. Designa el proceso que tiene lugar cuando estamos habitados por una necesidad, un deseo, una falta, y nos ponemos en movimiento para contactar con el entorno en busca de nuestra satisfacción. Esta búsqueda de satisfacción requiere tener en cuenta a la otra u otras personas involucradas y casi siempre involucra una negociación con el otro para llegar a un ajuste que convenga idealmente a uno y otro. Si es imposible encontrar este ajuste, algo que a veces sucede, el terapeuta deberá acompañar al paciente de tal manera que trabaje en su frustración y sobre lo que pueda aprender al estar comprometido en la situación. El *self* es la energía en movimiento impulsada por una intencionalidad que es ir hacia la realización de esa necesidad, en el sentido que A. Maslow le da en la cima de la pirámide de las necesidades, al mismo tiempo que es el "agente integrador" de la experiencia vivida en el proceso.

Campos organismo-entorno y frontera-contacto

Con el concepto *campo organismo-entorno* nos situamos en el paradigma de uno y el otro juntos. Durante el proceso veremos cómo el paciente entra en "contacto" con sus diferentes entornos, si lo hace de manera ajustada o si reproduce sus comportamientos neuróticos. La pregunta podría formularse así: "¿Qué experiencia tienes cuando estás en la frontera entre tú y la persona de la cual hablas y con la que estás en problemas?" La frontera es una metáfora geopolítica para darle el significado de que existe un lugar que a la vez es próximo y diferente. La frontera es a veces un lugar "cálido" donde se viven experiencias difíciles.

La pregunta puede también plantearse en el "contacto" entre los dos: "¿Cómo te sientes mientras me cuentas esto?" o "tú me dices que tienes miedo de esta persona y que eso te lleva a retirarte, ¿esto te ocurre también conmigo? Permítete sentir lo que sientes cuando yo digo esto…" Esta pregunta se basa en un supuesto, verificado muchas veces por la clínica: la relación terapeuta-paciente es el espacio donde se van a reactualizar los mecanismos neuróticos del paciente en el proceso de "estar juntos" que se produce entre los dos. Cuando uno y otro están plenamente conscientes, entonces podemos observar estos mecanismos y trabajarlos en vivo, en lugar de trabajarlos a partir de lo que cuenta el paciente sobre lo que le pasa en otros lugares. Este punto también plantea la cuestión de la experiencia del terapeuta frente al paciente y su historia, y la revelación de cómo se siente: cuándo y cómo expresarlo al paciente y con qué propósito. Desarrollaremos este punto con más detalle en el capítulo 9, que trata sobre la intercorporalidad en la relación paciente-terapeuta.

Este concepto se refiere al espacio frontera entre el paciente y el terapeuta, y a la experiencia vivida por ambos cuando están conscientes de la mirada y la presencia del otro.

A partir del encuentro, se crea un campo común sensorial, emocional, energético que expondré más adelante; en este campo hay fenómenos de resonancia que se vincularán, pero podríamos comprenderlos también como una matriz en la cual se forma el proceso de diferenciación y de autonomía al mismo tiempo que permanecen conectados.

El ciclo de contacto

El *self* como proceso se desarrolla en un ciclo llamado *ciclo de contacto*. La palabra *contacto* no se toma en el sentido popular del término, sino que se concibe como un proceso que, según Perls y Goodman, comprende cuatro fases. Estas nos dan puntos de referencia concretos sobre los diferentes momentos del ciclo, sobre las instancias de la construcción del ser humano que se convocan y sobre las modalidades de consciencia que deben sostenerse según los momentos del ciclo. Aquí hago una presentación rápida:

- el *pre-contacto* es la fase de sentir, de tomar consciencia de las manifestaciones sensoriales, corporales, emocionales que informan de la necesidad, de la carencia. La consciencia en su modalidad *awareness* es importante, porque es la que aporta el conocimiento de la necesidad, del desequilibrio, de la pista a explorar;
- la *toma de contacto* representa la fase que, luego de la toma de consciencia de la necesidad, consiste en identificar cómo voy a hacer para satisfacerla, hacia quién o hacia qué voy a dirigirme para eso, "ir hacia" según

la expresión utilizada con frecuencia. Es el comienzo de la acción. La consciencia en su modalidad *consciousness* se activa en esos momentos. Contiene la memoria de aprendizajes realizados en nuestra vida, que podemos reproducir en la situación actual o reorganizar en el contexto actual;

- el *contacto pleno* es la fase en la que estamos con el entorno, plenamente comprometidos con la situación, con el objetivo de encontrar el ajuste adecuado al contexto, hasta que una manera de ser o de hacer común emerja en busca de llegar a una satisfacción. Es la fase en la que se reactivan los escenarios de vida, los mecanismos repetitivos y los modos de supervivencia que hemos implementado en nuestra historia para lidiar con lo que nos estaba pasando. Es también la fase en la que exploramos cómo salir de la repetición: ser y hacer diferentes. El *awareness* está muy presente en esta fase, idealmente unido al *consciousness*. Es la fase en la cual la energía de la emoción puede estar dirigida hacia el ajuste creativo. El terapeuta puede entonces apoyar el *awareness* y alentar a la persona a darse cuenta de que se trata de un proceso de concientización, de *awareness* a *consciousness*, y viceversa;
- el *poscontacto* o retirada es la fase de regreso a uno mismo, de digestión, de asimilación de la experiencia que libera el organismo para poder pasar a otra cosa. Las dos modalidades de consciencia están presentes: adentrarse en la plena consciencia implícita del estado interior al término del proceso (*awareness*) y reflexionar sobre "quién soy yo" al final de esta experiencia. ¿Qué aprendo de mí en mi relación con los demás?, y ¿cómo imagino yo mi futuro próximo ahora? Es lo que algunos llaman *tender el puente hacia el futuro*.

Este ciclo de contacto se desarrolla en la temporalidad. Es una cuadrícula que nos brinda información sobre cuándo se reactualizan nuestros escenarios de vida, o *Gestalts inconclusas*, sobre cuál secuencia del ciclo hay que trabajar y sobre la naturaleza de los mecanismos psicológicos que actúan; por lo tanto, ciertas personas, desensibilizadas, tienen dificultad para sentir e identificar sus necesidades y permanecen a nivel del precontacto, se aíslan y viven en una especie de indiferenciación con su entorno. Otras tienen dificultades para la toma de contacto, han identificado su necesidad, incluso saben cómo satisfacerla, pero a veces están bloqueadas por el miedo, por sus creencias e introyectos. Se detienen, vuelven contra ellas la energía contenida en el proceso, se retraen y se desvalorizan. Algunas personas tienen dificultad en el contacto pleno; entran en una fase de intercambio con el otro, de negociación, absorben el conflicto, el mecanismo de proyección es muy activo, "es el otro que..." y permanecen en sus posiciones sin asumir su parte de responsabilidad en lo que está sucediendo; por lo tanto, resulta difícil, si no imposible, encontrar un ajuste creativo. Otras más, por último, tienen dificultades en la fase de poscontacto, con la asimilación de la experiencia y la integración que pueden hacer para cambiar sus escenarios de vida; muchas veces son hiperactivas y pasan muy rápidamente a la acción siguiente.

Así, el concepto de *contacto* es una de las bases de la teoría del *self*. Cada vez que utilice esta palabra en el libro, será en este sentido.

Las tres modalidades del **self**

El *self* en tanto que proceso se despliega a partir de tres modalidades o tres componentes del ser humano o tres modos de funcionamiento:

- el *modo ello* se refiere al mundo *corporal-sensorial-emocional* y a sus movimientos, que se manifiestan gracias al soporte corporal. Podríamos verlo como la pulsión de vida en nosotros, sufriendo o en peligro, en momentos de fragilidad y desequilibrio, lo que nos envía señales de diferentes manifestaciones, entre otras, lo que llamamos *síntomas*. En esas situaciones más complejas podemos también tomar consciencia de manifestaciones del *ello*, a través de la terapia de concentración o mediante el apoyo dado al paciente para que tome plena consciencia de sus sentimientos.
- el *modo personalidad* es la instancia de nosotros mismos que sabe cómo decodificar las manifestaciones del *ello*, que sabe cómo hacer para satisfacer nuestra necesidad, que reflexiona en la solución del problema, que puede traducirlo en palabras. Es como una base de datos que viene de nuestras experiencias de vida y de nuestros aprendizajes, que nos da las informaciones para orientarnos. Es la consciencia reflexiva. Es también la capacidad de verbalizar, de simbolizar la experiencia vivida a través del lenguaje, desarrollar el pensamiento y la reflexión mediante el cuestionamiento de lo que acaba de suceder y la comunicación con el otro por medio de palabras y diálogo. Tenemos conocimiento a través del *consciousness*, que es poner en palabras y comprender aquello que se capta y se siente a través de la movilización del *awareness*. Es la inteligencia puesta en movimiento y estimulada por la experiencia inmediata que se apoya en los conocimientos adquiridos por medio de la experiencia;

- el *modo ego* representa, de manera ideal, las dos modalidades precedentes en alianza, operando casi simultáneamente y empujando a la persona hacia la acción correcta. El modo ego es la instancia de nosotros mismos que nos permite tomar decisiones y plantear la acción correcta en el contexto dado. El modo ego funciona bien cuando el *awareness* y el *consciousness* no están disociados sino que entran en sinergia, se informan, se transmiten energía y están al servicio de un mismo proceso. La energía contenida en la función *ello*, canalizada por la función personalidad, pasa entonces a la acción en la gestión de nuestras emociones, nuestras relaciones, nuestra vida profesional, nuestras ambiciones, nuestra existencia, nuestra evolución espiritual. No debe confundirse con el ego en el sentido de tradiciones espirituales.

Aquí hay un ejemplo clásico. Cuando usted tiene hambre, el *ello* reacciona en usted, el *ello* le envía informaciones por intermedio de su cuerpo, de sus sensaciones, de su estado interno. Usted es *aware* de la necesidad y el *consciousness* viene naturalmente: usted tiene conocimiento de cómo satisfacer la necesidad. Toma entonces una decisión y se compromete en la acción correcta que se adapte a su necesidad. Luego llegará el tiempo de la digestión y la asimilación. Este ejemplo es también una metáfora que nos invita a plantear la siguiente pregunta:

¿Cuál es la relación que mantengo con todos los alimentos que necesito para desarrollarme en los diferentes planos de la existencia humana?

En terapia, la situación es el paciente y el terapeuta en su conjunto, vistos como un campo.

A partir de la situación plenamente concientizada o en proceso de concientización surgirán las manifestaciones del *ello:* reacciones corporales, emocionales, angustia, estados internos de todo tipo… *Ello* es la energía despertada por la situación misma que causa manifestaciones corporales y emocionales; la situación es el encuentro paciente-terapeuta y la coconstrucción de una relación particular que esperamos sea sanadora. El *ello* de la situación es el "fondo dado" a partir del cual pueden surgir todas las posibilidades. Depende del terapeuta señalar el proceso con la palabra adecuada, de modo que esta energía se alíe con la función personalidad para guiar la función ego y la transformación.

En este libro me referiré muchas veces al *ello* y hay que recordar en qué sentido lo empleo: no en el paradigma individualista, sino en el paradigma al mismo tiempo intersubjetivo y de campo que ve a uno y otro como un todo.

He aquí una metáfora para comprender mejor el proceso de concientización que pasa por el *awareness-consciousness*:

Yo reflexiono,
se dice en japonés.
No dejo de sacudir mi propio corazón.
Quizás esto es incluso ser un hombre:
No dejes de sacudir nuestro propio corazón,
sin importar qué nos pueda costar (Jacquart, 1998).

Capítulo 3
Primeras influencias: Budismo y meditación

La Gestalt como enfoque multicultural estuvo influida en sus comienzos por las prácticas orientales. El mismo Fritz Perls se había sensibilizado a la práctica de la meditación zen en Japón y yo conocí, en la época en que estuve en Canadá, muchos terapeutas Gestalt que se iniciaban en el budismo luego de descubrir la Gestalt y bajo la influencia de Alan Watts, quien fue en su momento uno de los primeros maestros en materia de filosofías y prácticas orientales.

En consecuencia, fue la Gestalt, como terapia de concentración, la que me llevó a descubrir y practicar diferentes formas de meditación y a frecuentar los dos monasterios tibetanos de mi región: Karma Ling y Montchardon. Inspirado por mis formadores canadienses y americanos, me dirigí a los enfoques que ponen la consciencia en el centro de sus prácticas y que se abren a la dimensión espiritual del ser humano:

- el budismo, que no veo como una terapia ni como una religión, sino como una forma de estar en el mundo y de cuidar de uno mismo y de los demás;
- la práctica del tantra, tal como la transmitió Margot Anand, psicóloga, quien fuera una de las discípulas del maestro espiritual Osho;
- las *terapias primarias* —término que utilizo para designar lo que hoy se llama *chamanismo*—, aquellas que, sin saberlo explícitamente, ponen el *awareness* en el centro de su práctica al sanar a través de los estados de consciencia ampliados.

Dedicaré este capítulo a lo que las diferentes formas de meditación que he practicado me han aportado como el psicoterapeuta en el que me he convertido. El capítulo siguiente estará dedicado a la influencia de mi investigación personal sobre las terapias primarias que todavía se practican en América Latina.

CONSCIENCIA-PRESENCIA
La actitud interior meditativa del terapeuta

La meditación me enseñó a estar más a la escucha de mí mismo y del otro en la relación. Me ayuda a hacer de la Gestalt una terapia relacional, y la Gestalt me ayuda a utilizar la postura meditativa en la terapia. Me ayuda a establecer esta actitud interior que llamaría *presencia-consciencia*, que para mí es la base de las habilidades del terapeuta.

Es una postura interior válida en principio para el terapeuta. Se cultiva y se desarrolla a través de prácticas meditativas como los autores de la terapia Gestalt indicaban (Perls *et al.*, 1951, t. 1, caps. 3, 4) y coincide exactamente con la postura fenomenológica desarrollada en terapia Gestalt:

- estar totalmente en el aquí y el ahora en la consciencia de la experiencia inmediata;
- dejarse llevar por el *continuum* de esta experiencia;
- adentrarse en la observación de uno mismo en el campo terapeuta-paciente;
- estar abierto a lo que llegue, sin esperar nada en particular;
- teniendo confianza en el proceso que se desarrolla;
- ubicarse así en una escucha global y receptiva;
- sin interpretación;
- sin juicio.

El terapeuta Gestalt contemporáneo agregará: "en relación con el paciente, que es su entorno inmediato".

La actitud meditativa es para mí hoy la base de ser psicoterapeuta y de lo que llamo *meditación intersubjetiva* en el proceso terapéutico. Hay, sin embargo, una gran diferencia: al entrar en estado de meditación, el terapeuta no está solo, está frente a su paciente o frente a un grupo con el cual trabaja, e integra al otro en su campo de experiencia. Lo que él siente, lo que le ocurre corporalmente, pasa por su corazón, por la imaginación, por su mente, es parte de la relación; le pertenece al mismo tiempo que le pertenece al paciente o al grupo; eso que le pertenece es lo que llamamos, en terapia Gestalt, *campo organismo-entorno*, *campo terapeuta-paciente*, con su dimensión energética y sus fenómenos de intercorporalidad y de interemocionalidad, que serán el vínculo entre los dos. A nivel teórico, lo denominamos el *ello* de la situación, tal como lo presenté en el capítulo anterior.

Así, el terapeuta se coloca de manera explícita en ciertos momentos del proceso en un estado meditativo, acompañando al paciente, frente a él y con él. Va entonces a acompañar al paciente para que él también tome consciencia de lo que está viviendo al mismo tiempo que le habla de sus preocupaciones al terapeuta. Este será el tema del capítulo 7, el cual trata del momento sensible, que corresponde a un conjunto de indicios que van a señalarle al terapeuta que él puede dejar el interés en los contenidos para introducir la postura meditativa, y del capítulo 9, el cual habla de la intercorporalidad, que quiere decir lo que ocurre de un cuerpo al otro y entonces estar en la plena consciencia de la experiencia vivida conjuntamente.

Todo esto lo resumen muy bien Cyr y Mercier (Devault y Pérodeau, 2018, cap. 6):

> La práctica y la experiencia de la meditación nos invitan de entrada a estar atentos y conscientes de lo que nosotros percibimos en nuestro cuerpo, nuestra carne, nuestros músculos, nuestros huesos, nuestra respiración, nuestros sentimientos, nuestras emociones, nuestro dolor, nuestro sufrimiento, nuestros pensamientos, nuestras imágenes y nuestras visiones. Aprender a recibir todo lo que llega a nosotros, a nuestro consciente y gradualmente a convertirnos en testigos, como un observador que permanece atento y totalmente presente sin juicio y sin apegarse a ninguno de estos fenómenos, aunque puedan parecer emocionantes, aburridos o aterradores. Entonces, hay que ir más allá de uno mismo.

El continuum *de la consciencia o el estado meditativo en relación*

Esta postura, mantenida de manera continua —lo que llamamos estar en el *continuum de la consciencia*— permite que el terapeuta resuene con el paciente y con los elementos de su historia, capte la información que este último envía sutilmente, cree lazos invisibles que van a manifestarse concreta y materialmente en sí mismo mediante sensaciones, movimientos espontáneos, ritmo respiratorio, imágenes, estados internos, pensamientos. El estado meditativo abre su capacidad de percibir, de abrir sus cinco sentidos, de despertar todos sus sensores informativos; su atención se moviliza no solo en él sino sobre él, sobre el otro, en él relacionándose con el otro y en la cocreación de este enlace. El terapeuta, en un estado de apertura de consciencia, capta los elementos del otro, de los cuales este otro no es todavía consciente;

se convierte en una consciencia auxiliar que abre al otro a algo que a él se le escapa aún, pero que trata de ser sabido, visto y reconocido. Lo que hace consciente frente al paciente y que lo reflejará, como veremos en el capítulo sobre la intercorporalidad, puede convertirse para el paciente en la ocasión para despertar: despertar al mundo de sus sensaciones, a los movimientos de su respiración, a sus fluctuaciones emocionales, a ciertos aspectos de su problemática existencial. Puede despertar también a algo que hasta ese momento estaba en el no-consciente, en la sombra, que no quería ver, que no conocía hasta ahora. Despertar a veces a su dimensión espiritual, a la sensación de un más allá de sí mismo.

Así, mediante la práctica de la postura meditativa en el ejercicio de sus funciones, el psicoterapeuta abre su ser sensible, se sitúa en un estado de disponibilidad, receptividad, vacío. Desarrolla así su capacidad de estar presente, de sentir y de captar. Podría resumir de esta manera lo que le diría al paciente de su actitud interior: Estoy aquí frente a ti, me centro en mí, en mi respiración, en mi cuerpo, frente a ti. No espero nada, estoy disponible y te escucho, te recibo a través de mi cuerpo, mi piel, mi sensibilidad, mi corazón, mi ser, no trato de comprender intelectualmente lo que tú me cuentas, pero estoy muy interesado en tu historia; te doy la bienvenida, te recibo y tengo confianza en lo que vendrá. La comprensión vendrá por sí sola. Te invito también a que algunas veces tomes plena consciencia de tu experiencia interior cuando me hablas de ti… algunas veces estaremos ambos al mismo tiempo en la consciencia de nuestra experiencia común.

Hay momentos en los que ya no es el terapeuta que da terapia, sino el proceso y la energía que emerge de este, es el *self* en movimiento. El terapeuta entonces deja de lado su ego, está al servicio, libre, sin esperar nada. Es lo que los creadores de la Gestalt expresan muy bien: "En una experiencia rica en contactos, el 'yo' alienando sus estructuras tranquilizantes, se arriesga a dar el paso e identificarse con el *self* en desarrollo, le ofrece sus servicios y sus conocimientos y en el momento de la culminación, se desvanece del camino" (Perls *et al.*, 1951).[1] Ya estaban en una postura transpersonal, en la cual el ego se desvanece para dejar el lugar al *self* como energía trascendental del proceso.

Esta postura interna se pone en marcha en nosotros a partir de una práctica regular del "*awareness* sensorial", yoga, meditación, plena consciencia o

[1] Perls recibió la influencia de Charlotte Silver, con quien vivió sesiones de lo que ella llamaba "*awareness* sensorial", un enfoque que permitía desarrollar la consciencia corporal a través de diferentes prácticas.

cualquier otra práctica que nos permita desarrollar la consciencia corporal además del entrenamiento en psicoterapia.

La meditación intersubjetiva en el proceso terapéutico

Una experiencia fundadora

Si bien en 1977 había sido admitido en la Sociedad Psicoanalítica de Montreal para continuar mi aprendizaje, una de las prácticas descubierta durante un seminario sobre el *awareness* en mi formación en Gestalt me desvió del camino freudiano. Se trataba de una forma de meditación de plena consciencia según la comprensión que tenían los creadores de la Gestalt. Es la práctica del *continuum* de la consciencia.

Estaba tumbado en el suelo, con los ojos cerrados. Una persona a mi lado seguía las consignas de la entrenadora. Ella debía posar una mano sobre mi frente mientras yo llevaba mi atención a esta zona de contacto y, sobre todo, a lo que este contacto provocaba en mi organismo. Luego este toque se repetía en otra parte del cuerpo y así hasta los pies. Era una especie de escaneo corporal en relación con el otro y al mismo tiempo desarrollaba la consciencia de la experiencia vivida durante el proceso. Por primera vez en mi vida tomaba plena consciencia de un sentimiento profundo y benéfico para mi cuerpo. Después, las lágrimas comenzaron a fluir, sin tristeza. Entré en un sentimiento de unificación y bienestar de mí mismo: La noche siguiente tuve un sueño que me puso en contacto con una de las heridas de mi infancia; pude hacer conexiones entre ese momento meditativo acompañado y este sueño, y seguir un proceso de aceptación de la herida.

Meditación intersubjetiva en el proceso psicoterapéutico

Presento lo que llamo *meditación intersubjetiva* de la siguiente manera:

- el terapeuta entra en plena consciencia de sus sentimientos cuando el paciente le habla o expresa sus emociones;
- al mismo tiempo, sostiene el *continuum* de la consciencia del paciente, con un gesto de la mano, con una invitación muy simple ("permítete sentir lo que está ahí..."');
- está presente y en silencio;
- acepta no saber, no hacer referencia a sus conocimientos teóricos;
- observa los pensamientos, las imágenes que le llegan y las deja pasar;
- acompaña al paciente para que se deje llevar por el sentir de lo que sucede ("déjate sentir una y otra vez... y otra vez...");

- están ambos, al mismo tiempo, en la consciencia de su experiencia conectados por lo que sucede con sus sentimientos, juntos;
- entran en ese momento en una consciencia común que es como una matriz que los envuelve, pero que permanece abierta más allá de ellos mismos. Es la terapia de concentración en relación;
- con base en el principio de resonancia, el terapeuta refleja verbalmente al paciente, en el momento preciso y de manera adecuada alguno de los elementos de su experiencia e invita al paciente a hacer lo mismo;
- permite que se cree un diálogo terapéutico a partir de este proceso, manteniéndose centrado en su experiencia interior.

Es un momento en el que uno y otro están en la consciencia de su experiencia, uno frente al otro, teniendo contacto visual. Esta meditación es intersubjetiva porque somos dos sujetos, dos presencias, y todo pasa en el inter, en el medio, entre uno y otro, estando los dos en un momento meditativo con el fondo de las preocupaciones del paciente. Veremos en el capítulo 7 cuándo y cómo dejar de lado los contenidos para entrar en estos momentos de procesos terapéuticos que pasan por la meditación.

Consciencia intersubjetiva y premisas del vínculo en lo invisible

En este proceso dejamos temporalmente el contenido explícito y trabajamos a partir de vínculos invisibles que se crean a través del estado meditativo y del estar juntos en consciencia. Trabajar a partir de vínculos invisibles es trabajar sobre lo que constituye el fondo relacional y sobre lo que, de este fondo, está listo a surgir al primer plano, la emergencia se realiza en circularidad (Merleau-Ponty, 1945), es decir, entre el "va y viene" de los dos.

Así, la práctica de la meditación, pero también de ciertas terapias primarias, me dieron otra visión del concepto de *contacto*, presentado en el capítulo anterior. El proceso de contacto está ya trabajando en lo invisible gracias al estado meditativo: algo del paciente se propaga como una onda vibratoria en el campo terapéutico, va hacia el organismo del terapeuta, que es la materia viviente sobre la cual esto puede depositarse y manifestarse y lo afecta. Hay un *ir hacia*, no consciente y sutil, de algo del paciente hacia el terapeuta; el organismo de este lo recibe, su atención es atraída por las manifestaciones que esto provoca en él. Terapeuta y paciente están en contacto pleno por medio de lo que circula entre los dos de manera invisible, que es el vinculante de la situación y el contacto pleno se produce cuando el terapeuta de nuevo va hacia el paciente para regresarle verbalmente, de manera adaptada y en el momento justo, lo que él recibió en su organismo. Casi siempre este contacto pleno generará, rápidamente, una figura significativa en el paciente, como una emoción, un recuerdo, un estado interior, una imagen, una visión, alguna cosa que se vuelve más clara, precisa, y que es lo que concientizará plenamente y poco a poco dejarlo desarrollarse y ponerlo a trabajar: "Ah, sí, ¿cómo lo sabe usted? Es exactamente lo que yo habría dicho, pero no encontraba las palabras para decirlo". O bien es una emoción fuerte que llega, o una especie de iluminación que Perls llamaba un mini *satori*:[2] "Ah, sí, es eso, no lo había pensado".

Así es como yo percibo la meditación intersubjetiva en el proceso terapéutico.

Amor, compasión, amar

El budismo y el tantrismo me hicieron descubrir valores humanos que eran muy escasos en las psicoterapias tal como me fueron transmitidas en esa época: compasión, benevolencia, altruismo, perdón, nobleza de corazón. He vivido a través de la experiencia cómo estas dos tradiciones se sustentan en una filosofía y una antropología muy humanistas que sirven de base para la apertura a la dimensión espiritual. En lugar de eso, me habían enseñado la "neutralidad benevolente", concepto que siempre me pareció extraño, sorprendente, incluso si lo comprendía en su sentido intelectual. La benevolencia es benevolencia o no lo es. ¿Por qué desfavorecerla con la palabra "neutralidad"? El terapeuta puede ser completamente benevolente y situarse en el lugar correcto.

Nobleza de corazón y compasión

En el budismo descubrí lo que llamamos compasión (*karuna* en sánscrito, "sufrir con", según la etimología). No se hablaba de compasión en las diferentes terapias que aprendí. Para mí, evoca la empatía y la capacidad de amor del terapeuta. Presupone una relación entre él y otro, una forma de intersubjetividad. El otro debe aparecer ante nosotros como otro para que podamos sentir en nosotros mismos un eco y, por resonancia, algo de su pena o de su estado. Se basa enteramente en una consciencia cuádruple: la de sí mismo, la del otro, la de la diferencia entre uno mismo y el otro y la de la coconstrucción de la relación, como veremos en el próximo capítulo.

[2] Término japonés que, en el budismo zen, designa la iluminación.

Karuna contiene también la idea de corazón, la apertura de corazón, lo que algunos traducen por nobleza del corazón. Estaba fuera de discusión en la universidad y en mis diferentes formaciones. Es la capacidad de ser tocado por el otro al punto de "sufrir" con él, de pasar por ahí para comprenderlo profundamente hasta en su propia carne y aceptar que eso pasa por nuestra propia carne. Es esta apertura de corazón la que dará una coloración de amor a los tres puntos que siguen, que los encontramos en las raíces fenomenológicas de la terapia Gestalt, pero a veces de una manera más filosófica que sensible y "amorosa":

- *el respeto al otro y a los otros, el hecho de ser tocado por ellos*, lo que nos lleva a la idea de una consciencia que no está cerrada sobre sí misma, sino abierta al otro. Esta idea del budismo está en la corriente de la fenomenología —la consciencia se torna no solo hacia mí mismo, sino hacia el otro, y se abre a la dimensión empática y a la compasión;
- *una consciencia que es "consciencia de..." y también mucho más vasta*, una consciencia sin referencia, que es apertura pura. Esto se manifiesta en una forma incondicional de empatía, incluso simpatía, sin proyecto. En esta apertura sin referencia, que no se apoya en los saberes explícitos (Blaize, 2001) ni en esta posición que puede traducirse como "yo, terapeuta, yo sé por ti", el ego se desvanece y el proceso entonces se libera de un querer que podría desviarlo de su trayectoria espontánea hacia la autorregulación; el supuesto saber del terapeuta deja lugar al movimiento de sabiduría del organismo y del proceso. Esta apertura pura está indisociablemente ligada a una forma aguda de atención, de discernimiento y de dejar ir;
- *una forma de curiosidad inicial en esta actitud*, con una especie de fe, una especie de creencia de que algo surgirá de esta actitud, y confianza porque no sabemos qué, ni cuándo, ni cómo, ni bajo qué forma. Es una fe sin certeza y sin permanencia. Los creadores de la Gestalt nos invitan a "tener fe" en el proceso, a creer sin pertenecer a una religión.

La consciencia paradójica, centrada en sí y en el otro, abierta, sin proyecto

Así, estar en la consciencia de, en la situación terapéutica tal como yo la concibo actualmente es un proceso orientado hacia uno mismo, hacia el otro, hacia lo que ocurre entre los dos y hacia la coconstrucción de la relación, con benevolencia y con una intencionalidad terapéutica. La atención que despierta es como un rayo de luz que ilumina lo que sucede aquí y ahora, cómo sucede, cuál es el estado interior del momento, qué es lo que emerge del fondo en esta ocasión.

Pero es también mucho más que eso, es una consciencia paradójica, ya que se centra sobre lo que es y, al mismo tiempo, en la apertura: cuando el terapeuta está frente al otro y escucha con benevolencia, está al mismo tiempo en una escucha y una consciencia sin objeto, sin proyecto y se ubica en un estado de disponibilidad, de vacío. Confía en el proceso, en la inteligencia del organismo en relación, que va a dejar surgir lo que necesita para autorregularse y permitir que se realice la regulación del campo. Estar ahí, prestar atención a sí mismo y a la situación, sin esperar nada, en su suspiro, en su respiración, dejar venir libremente. Con esta actitud o postura, el terapeuta no sabe por el otro, no sabe nada, no lo manipula para que llegue a lo que a él le gustaría que llegara. Está al servicio del desarrollo de un movimiento desencadenado por la inteligencia de la situación y por la inteligencia del corazón, de la compasión puesta al servicio de esta apertura. Ahí nuevamente podemos constatar la coherencia con la perspectiva fenomenológica propuesta por algunos terapeutas Gestalt.

El terapeuta se supone que no tiene planes para el paciente. ¿Pero entonces, de dónde viene la eficacia terapéutica? Planteamos la hipótesis de que lo operativo es:

- la motivación del paciente a cambiar;
- la actitud interior del terapeuta tal como la acabo de presentar, lo que se denomina su postura;
- la cocreación de la relación y el análisis que podemos hacer en algunos momentos;
- la energía y la excitación que se desprenden de estar juntos en consciencia;
- el estado de trance ligero creado por la postura meditativa, que disminuye el control y lo que se llama resistencias;
- la fe en el proceso y su inteligencia;
- la capacidad del organismo de autorregularse cuando está en un contexto que acompaña el dejarse ir;
- el misterio de la vida interpelado a través del proceso, lo que siempre se nos escapará, pero que sin embargo parece activo y dará algunas veces una dimensión sagrada al proceso.

El amor en el proceso

Así, idealmente, el terapeuta está en una postura interior de *aimance* (amar).[3] Inventé esta palabra hace unos años en un artículo escrito para la revista *Cahiers de Gestalt-thérapie*, en la cual el tema era si el amor estaba fuera del tema (Delacroix, 2011). Me hubiera gustado utilizar la expresión "el terapeuta amoroso", refiriéndome a la lengua española que dispone de dos calificativos: *amoroso*, que significa el fuerte afecto que uno siente por alguien, y *enamorado*, utilizado en la relación amorosa, pero esta expresión se presta a confusión. Idealmente el terapeuta ama libremente, sin proyectos. Ama por nada y se mantiene enteramente en la inteligencia de esa nada en la cual todo puede suceder. Se trata de dejar que las cosas sean, sin esperar, quiere decir estar en el desapego y en esta percepción de la vida: nada es permanente, nada es serio, lo que es en el instante presente no lo es más. Estar en el *continuum* de la experiencia es estar en consciencia juntos, en esta apertura y en relación con el otro, pero también más allá, en una apertura que se origina del uno al otro conjuntamente con estos momentos de no dualidad.

Eso es lo que es terapéutico; a partir de esta postura lo inconsciente, lo escondido, los recuerdos inactivos, anestesiados, adormecidos se pueden despertar. Esto nos permite revisar el concepto de buena forma específico de la Gestalt: la bella y buena forma sería la que emerge espontánea, naturalmente, de esta nada, en el momento oportuno y sin haber sido convocada, es lo que marca el tiempo cronológico al aportarle un cambio en su propia esencia. Porque en este punto, el tiempo no es repetitivo, sino un tiempo diferente en el que se pone en marcha la novedad. Pasamos del desequilibrio neurótico en su estructura repetitiva a la apertura renovada por los ajustes que se harán permanentes. Este estado interior del terapeuta, formado de compasión-benevolencia, participa en la creación de esta estética de la forma de la relación y en la transformación de *chronos* en *kairos*.[4]

Esto requiere que el terapeuta haya desarrollado las capacidades de abrir su corazón, amarse a sí mismo, pero también amar al ser humano, amar lo que él hace y amar estar con sus pacientes para acompañarlos en su camino de vida.

[3] *Aimance* se puede traducir como amar, amante, amoroso [N. del T.].

[4] Los psicoterapeutas gestálticos conceden cierta importancia a la temporalidad. Se refieren a *chronos*, que es el tiempo que pasa, la cronología de los eventos, y a *kairos*, el tiempo oportuno, el momento en que ocurre algo significativo en el instante presente y es plenamente concientizado, lo que puede cambiar el curso de la historia.

Capítulo 4
La consciencia ampliada en las terapias primarias

Desde la infancia me sentí atraído por los viajes, por los otros, sus culturas, sus tradiciones, su forma de vida. Era de esperarse que obtuviera una maestría en psicología clínica con las opciones psicología clínica social y etnología, y que me sintiera atraído por las terapias tradicionales ancestrales practicadas por aquellos que llamo "nuestros colegas *del fin del fin* del mundo". Mi intuición me susurraba que tenían algo que aportarme de acuerdo con mi manera de comprender y practicar el acto psicoterapéutico y que podrían ayudarme a ampliar mi visión y comprensión del mundo.

Mi búsqueda personal y mi deseo de saber más acerca de la consciencia como herramienta clínica, me condujeron hacia la exploración de estas formas de terapia que se basan también en prácticas que provocan una ampliación de la consciencia. Dedico un capítulo a este tema en mi libro *La troisième histoire* (2006), en el cual expongo cómo mi compromiso con las terapias ancestrales de la Amazonia me hizo reflexionar y evolucionar en mi práctica de psicoterapeuta.

La aportación de los terapeutas primarios al psicoterapeuta occidental

Las influencias que me marcaron

Tuve la oportunidad de formar terapeutas en Costa de Marfil, yendo tres veces al año desde 1983 hasta 1994. Publiqué mis reflexiones sobre esta experiencia en mi libro titulado *Du père-ancêtre au fils créateur* (1994). Por lo regular me reunía con Thérèse, sanadora que practicaba su arte en un suburbio de Abidjan. Fue ella quien, sin saberlo y sin que yo lo sospechara, me preparó para las exploraciones que yo haría luego en las culturas amerindias de América Latina. Mis participaciones en África se detuvieron en 1994 y la vida me abrió las puertas de México, como si fuera ahí donde yo debía continuar el aprendizaje que Thérèse había comenzado a ofrecerme.

Continué mi iniciación en México en dos contextos culturales diferentes, cuya cosmología se basa en la relación con una planta considerada sagrada o maestra, ya que provoca un estado de consciencia expandido: el peyote de los huicholes, que contiene mescalina, y los hongos que los mazatecos llamaban "diositos", los pequeños dioses, que contienen psilocybina. Luego, en la Amazonia peruana, viví una larga iniciación con una "planta maestra" local llamada ayahuasca, entre 1996 y 2001. Ahí pasé entre un mes y medio y dos meses cada año durante seis años (¡como mi primer psicoanálisis!), principalmente en Takiwasi, centro de tratamiento de adicciones con las "plantas sagradas", creado por el doctor Jacques Mabit, médico francés que trabajaba con los curanderos, nombre que se le da a los terapeutas locales en América Latina, y que todavía dirige este centro. Narro esta última experiencia en *Ainsi parle l'esprit de la plante* (2000).

Los precursores

Joseph Zinker, uno de los primeros psicoterapeutas conocidos y reconocidos en el mundo de la Gestalt, ya había abierto el camino a una reflexión sobre Gestalt y chamanismo en 1977. En el primer capítulo de su libro *Se créer par la Gestalt* (publicado en francés en 1981), nos invita a desarrollar lo que llama *la visión castanediana*, refiriéndose al antropólogo Carlos Castaneda que, en sus numerosos libros de la década de 1970, hablaba acerca de su encuentro con un "hechicero" yaqui, don Juan, y sus aprendices, en el norte de México. Castaneda[1] nos presentó las enseñanzas que él recibía, algunas veces bajo el efecto de la mescalina. Sus libros han acompañado todos mis años de descubrimiento de la Gestalt y de las terapias corporales y llegué a soñar que me transformaba en pájaro y me arrojaba al vacío, planeando y flotando en mundos invisibles, como le ocurrió durante sus "viajes" chamánicos.

[1] Castaneda es un antropólogo de origen peruano que, tras haberse formado en psicología en Los Ángeles, se interesó en la consciencia y comenzó a explorarla con el "hechicero" yaqui don Juan, quien lo acompañaba en las sesiones con el peyote. Castaneda cuenta su iniciación en numerosas obras, en particular *L'Herbe du diable ou la petite fumée* (1968) [*Las enseñanzas de don Juan* (1974), y *Voir. Les Enseignements d'un sorcier yaqui* (1971) [*Una realidad aparte* (1974)].

Zinker nos invita a entrar en un estado en el cual podamos tener acceso a la realidad sutil del mundo que se desarrolla delante de nuestros ojos, para descubrir lo que no nos dice el lenguaje de una persona y ponernos en un estado de contemplación tal que podamos ver las "alucinaciones" a propósito del paciente y a compartirlas con él. "Ver cosas que nunca han sido escuchadas", para retomar las palabras de un viejo canto chamánico. Como escribe a propósito de la visión castanediana:

> Permite un salto creativo más allá del primer contacto visual. Perfora la frontera periférica de la persona para penetrar su núcleo, su esencia. Es como si mi propio núcleo se transformara en una estación eléctrica que ilumina con sus rayos luminosos y su halo de claridad el corazón de la otra persona... El encuentro castanediano es un encuentro de núcleo a núcleo, de corazón a corazón, de entrañas a entrañas. En estos raros momentos en que uno se siente tan bien anclado en sí mismo, podemos permitirnos atravesar a la otra persona como lo haría un rayo láser, podemos permitirnos romper ciertas reglas de preparación y de gradación elementales y, a la velocidad de un rayo, entablar un diálogo con el mundo interior del que está frente a nosotros (Zinker, 1981).

Esta percepción de Zinker me parece del todo acertada, en especial cuando dice: "un encuentro de núcleo a núcleo, de corazón a corazón, de entrañas a entrañas", pero está incompleta. No nos la presenta desde una perspectiva de campo, ni desde la visión de circularidad desarrollada por Merleau-Ponty, que expondré más adelante. En efecto, no se trata solo de "atravesar" al otro y así entrar en su mundo interno, sino dejarse atravesar por el otro, que no es la misma postura o actitud. De todos modos, no tenemos opción, a menos que estemos cerrados, a la defensiva en una perspectiva muy relacional, porque sin que seamos conscientes, algo del otro cruza nuestros límites corporales y orgánicos y penetra en nosotros. La atención que nos prestamos a nosotros mismos, comprometidos en la experiencia, nos permite concientizar que somos habitados por algo que quizá no nos pertenece o no completamente, y que debemos estar atentos a lo que sucede cuando hay una ruptura de nuestras fronteras. Es necesario mantenernos en estado de consciencia y discernimiento suficientes para construir una intervención de extracción, es decir, de concientización que hemos incorporado al poner en circulación hacia el paciente lo que había pasado por nuestro cuerpo y por nuestra unidad psicosomática. Tocamos aquí lo que llamamos los *fenómenos de resonancia y de intercorporalidad* entre paciente y terapeuta.

Nuestros colegas terapeutas sudamericanos están más abiertos a las terapias tradicionales de sus países de origen que nosotros, los europeos, sobre todo franceses, inmersos en una cultura muy racional, en la cual toda nueva manera de pensar y de practicar se percibe como sospechosa y poco creíble. Tobie Nathan había abierto el camino de la etnopsicoterapia cuando se interesó en la psicoterapia de otras culturas y la de los extranjeros en Francia, pero que yo sepa no exploró las terapias primarias que utilizan las plantas sagradas.

Entre los colegas americanos, citaré particularmente a Claudio Naranjo, psiquiatra y psicoterapeuta chileno, uno de los pioneros en introducir la Gestalt en América del Sur. Integró completamente en su práctica las dimensiones espirituales y chamánicas. La práctica de la meditación, así como las sesiones con plantas sagradas, son parte de sus formaciones. Escribió un libro notable sobre la utilización psicoterapéutica de la ayahuasca (2019).[2] Por su parte, Alejandro Spendenberg, psicólogo y psicoterapeuta, profesor universitario en Uruguay, ha creado un Instituto de Formación Gestalt transpersonal en cuyas clases incluye estas dimensiones. Citaré también a Domingo Nanni, psicoanalista argentino, psicodramatista, profesor universitario que utiliza la ayahuasca en sus grupos de terapia. Publicó en 2015 y 2018 sendos libros acerca del empleo de la ayahuasca en psicoterapia. Nombraré también al doctor Percy Bazán, peruano, psiquiatra, terapeuta junguiano que estudia desde hace veinte años las terapias ancestrales de Perú y que las utiliza con algunos pacientes. Es responsable, en una universidad, de una formación en el uso de plantas sagradas en psicoterapia.

Cambiar el nivel de consciencia

El terapeuta ancestral tradicional me ayudó a cruzar un espacio que había presentido en la práctica de la meditación y en la aplicación del concepto de *continuum* de la experiencia como lo hacemos en Gestalt: cambiar de nivel de consciencia sutilmente, viajar en los mundos invisibles sin perderme y entrar en contacto con elementos del fondo, mi fondo personal, pero también a veces un fondo más amplio al tener acceso a elementos de la historia transgeneracional, a veces incluso del universo, como lo cuento en mi libro *Ainsi parle l'Esprit de la plante* (2000).

[2] Lo que llamamos plantas sagradas o plantas maestras son plantas psicotrópicas que permiten cambiar el nivel de consciencia y que los terapeutas primarios utilizan desde siempre en América Latina y en otros países, según protocolos precisos.

Fue cuando comprendí profundamente lo que llamamos *awareness*, la consciencia inmediata implícita del campo. El campo se ampliaba y toqué un estado que me daba acceso a los elementos contenidos en esta consciencia, todavía no explícita, pero ya ahí. Podía también contactar por momentos con mis demonios internos, mis sombras, "vomitarlas". Utilizo este término, ya que algunas plantas provocan náuseas y vómitos. Se trataba realmente de expulsar por la boca del animal humano que está en mí lo que llamo *los dragones de la neurosis negra*, la alfombra del fondo de mi cuerpo, de mis células, de mi inconsciente, algunas veces al costo de algunos sufrimientos físicos y psíquicos fuertes. Así, más tarde, podía contactar la luz, la dulzura, la belleza, la poesía del misterio del universo, el amor, convertirme en amor, sentir profundamente que la relación con el otro es una relación de amor. Y regresar a la vida cotidiana consciente de los cambios a realizar.

Me ocurría también que recibía mensajes que me indicaban que tenía situaciones que terminar con ciertas personas de mi vida cotidiana o profesional, y lo hacía a veces real o simbólicamente; a veces incluso mensajes sobre mi práctica profesional. Cuando realizaba largas estadías en Takiwasi,[3] proponía mis servicios de psicólogo-psicoterapeuta en la institución, y dirigí dos veces por semana pequeños grupos de terapia corporal. Por la noche, participé en sesiones de ayahuasca con los pacientes de la institución, para continuar mi iniciación y al día siguiente nos encontrábamos en el grupo de terapia. Muchas veces recibía mensajes en los cuales me indicaban qué prácticas corporales debía proponer. Yo las hacía y les decía a los pacientes de dónde me llegaban estas propuestas.

Mi vivencia corresponde a la visión de J. Welwood, quien dice que nos bañamos en un océano de *awareness*, es decir, de consciencia implícita, difusa, alrededor de nosotros. Este *awareness*, atraído por el proceso de atención cuando meditamos y cuando ampliamos nuestro campo de consciencia ordinario, puede entonces permitirnos "ver" y "sentir", "escuchar", captar elementos, informaciones que están ahí, pero invisibles. Puede iluminar lo que está en la sombra, a veces en los extremos, del amor al odio.

[3] Takiwasi es el nombre de un centro de tratamiento para personas que sufren una adicción severa, creado por el médico francés M. Mabit en la década de 1990, en la Amazonia peruana. La característica de este centro es que todos los tratamientos se realizan con plantas sagradas y con tiempo de aislamiento y ayuno en la selva. Hay que tener en cuenta que la ayahuasca, considerada como una droga en Francia, es reconocida oficialmente en Perú como una planta que es parte del patrimonio médico del país.

Ser a la vez psicoterapeuta francés y aprendiz de curandero peruano y de la planta

"Curandero" es el nombre dado en América Latina a los terapeutas tradicionales ancestrales y nosotros asistimos actualmente a un movimiento llamado *curanderismo*, que designa una especificidad chamánica propia del continente sudamericano.

Considero al curandero como un colega. Concibe el acto terapéutico según la antropología y los códigos de referencia de su sociedad, adaptada a la cultura local y según una enseñanza ancestral que le ha sido transmitida por uno o varios maestros chamanes. El curandero viaja a los "mundos invisibles", a los cuales tiene acceso gracias a la apertura de su estado de consciencia y busca sus aliados, sus coterapeutas, sus asistentes en el entorno externo, visible y no visible. Visible: en lo que el psicoanalista H. Searles (1986) llama *el entorno no humano*, como la naturaleza, las plantas, los árboles, los perfumes, los animales, las piedras, el sol, la luna, la noche, los cuatro elementos, las grutas... No visible: sus aliados, sus guías,[4] sus animales de poder, el mundo de los ancestros, de los espíritus.

Cambiamos aquí completamente el paradigma. Estamos en la perspectiva desarrollada por Rupert Scheldrake de las informaciones que circulan en el campo como ondas, como la información que usted envía por SMS o por correo electrónico, que circula de manera invisible y que llega allá donde se siente atraída y esperada (véase el capítulo 6 que trata de la relación desde una perspectiva de campo).

El terapeuta *aware*, sensible o en estado de consciencia ligeramente ampliada, tiene la capacidad de captar y capturar estas informaciones que atrae en virtud de su función y por la intención que tiene de ser a la vez canal y estar *al servicio de*. No todo se explica por el inconsciente freudiano, que puede llegar a ser limitativo sobre la comprensión del funcionamiento del ser humano en su relación con lo que lo rodea. Recuerdo un congreso de psicoanálisis en el cual participé hace algunos años. André Green, que era un psicoanalista notable, se atrevió a plantear la siguiente pregunta en 1982: ¿Y si existe algo más que el inconsciente? ¿Si existe otra cosa más allá del inconsciente? ¿Quizá los terapeutas ancestrales tradicionales tendrán elementos de respuesta a esta pregunta?

[4] En las tradiciones ancestrales, el terapeuta en estado de consciencia ampliada dice con frecuencia que está en contacto con entidades invisibles para nosotros que actúan a través de él y que en general se llaman *guías* o *aliados*.

Paradójicamente, este *colega-terapeuta-ancestral-tradicional* que es el curandero me ayudó a comprender mejor el espíritu de la Gestalt al abrirme a sus mundos y a sus conocimientos, debido a nuestro punto común: el interés por la consciencia puesta al servicio del acto terapéutico y la sanación. Muy rápidamente, me di cuenta de que los curanderos que conocí eran grandes especialistas de la consciencia y de su utilización con fines terapéuticos y que le habían enseñado mucho al psicoterapeuta francés que soy. No me convertí en chamán y no tengo la intención de serlo. Solo me volví un psicoterapeuta más *aware*, más empático, más abierto a los fenómenos de campo, a la circulación de la energía, a las sincronicidades, a lo invisible y a los lazos sutiles que conectan de forma subterránea al paciente y al terapeuta.

Una aclaración: la designación de un estado alterado de consciencia no corresponde a lo que he vivido ni es a lo que me refiero. Se trata de un estado de consciencia más abierto, más vasto, más amplio que el que conocemos en la vida cotidiana. Lo que cambia con esta apertura inusual es nuestro estado interior, nuestras capacidades perceptuales y nuestra capacidad de introspección. La alucinación en el sentido psicopatológico es un estado de consciencia alterado. Yo tuve una experiencia así, luego de un *shock* operatorio causado por una intervención grave y una sobredosis de medicamentos, y no tiene nada que ver con la ampliación de la consciencia de la que hablo aquí.

El entorno próximo y el ambiente lejano, invisible

Uno de los conceptos clave de la terapia Gestalt es el campo organismo-entorno o campo terapeuta-paciente o campo creado por el encuentro entre una persona y sus diferentes entornos. Mi compromiso con las terapias ancestrales me ha permitido reintegrar en mi percepción de Gestalt la noción de *entorno* en el sentido más amplio del término y darme cuenta de que fui el resultado de numerosas influencias recientes y pasadas; que yo era un concentrado de entornos diferentes, dispares, que podían entrar en conflicto, hacerme vivir una fragmentación, pero también complementarse y unificarse. Estaba también rodeado de un entorno natural, beneficioso para mí, con el cual podía entablar un diálogo, y que a veces olvidaba: la naturaleza, la tierra, las plantas, los animales, el agua, el sol, la luna, la lluvia, la nieve, el cielo... todo lo que había conocido y amado en mi infancia campesina y que me había formado. Recordé, entonces, que este entorno podía ser terapéutico para mí y para otros.

Descubrí también, a través de estas experiencias, lo que se llama sentirse uno *con el todo*. Incluso, si la experiencia es efímera, deja huellas en el organismo y en la vida; la memoria corporal, organísmica, recuerda no solo nuestros traumas, sino también lo que ha sido integrador para nosotros y lo que puede generar resiliencia.

Aprender a convertirse en un terapeuta sin ego

Lo que está activo ya no son los conocimientos teóricos, técnicos, metodológicos del terapeuta; son necesarios, pero en algunos momentos pasan a segundo plano, ya que el proceso necesita libertad para desplegarse según las necesidades del organismo. Lo que opera en determinados momentos es la presencia del terapeuta, muy presente y al mismo tiempo separado; para esto es importante que el proceso no esté obstaculizado por un gran ego del terapeuta.

Esta forma de terapia ancestral me ha permitido vivir profundamente la postura gestáltica que se apoya en las filosofías orientales y fenomenológicas. En particular, como el "terapeuta primario", el terapeuta Gestalt acompaña un proceso del cual no sabe qué formas van a surgir; siempre frente a la incertidumbre, debe aprender a aceptar con serenidad. Acepta no ser más que intermediario entre el paciente y la sabiduría del organismo a través de la autorregulación; intermediario igualmente entre lo visible e invisible, entre el paciente a nivel terrestre y a nivel supraterrestre, intermediario entre el paciente y la energía de vida, la fuente de vida.

El terapeuta está al servicio del *self* como una fuerza activa, energía fundamental, integradora, unificadora, transformadora, que nos da acceso a nuestra dimensión espiritual. Escribía hace mucho tiempo en "Ces dieux qui pleurent":[5] "El *self* (tal como lo entendemos en la terapia Gestalt) ¿será el camino que conduce al Ser?" hoy lo pienso.

Los maestros del desorden

Mis experiencias con los terapeutas tradicionales ancestrales en su tierra me han enseñado mucho sobre las nociones de orden, desorden, deconstrucción y caos.

Incluso a veces también se les llama *maestros del desorden*, para retomar la expresión de Bernard Hell, antropólogo francés que fue organizador de una muy bella exposición de artes primarias en París, en 2012, sobre este tema.

[5] Este libro no fue publicado. Es parte de los documentos pedagógicos del Institut de Gestalt de Grenoble y del Institut français de Gestalt-thérapie. Trata sobre la utilización de la Gestalt en grupo, con pacientes psicóticos en instituciones psiquiátricas.

Ellos le enseñaron al psicoterapeuta que soy, que pedir ayuda con frecuencia concierne al orden y desorden y que la sanación se basa en el proceso de desordenar la lógica de la problemática por la cual el paciente consulta (nuestras construcciones neuróticas) para encontrar un orden justo. Es lo que los terapeutas Gestalt llaman *deconstrucción* y *reconstrucción*.

El síntoma, manifestación de un desorden

En África, la enfermedad se considera casi siempre como la consecuencia de una falta, de un error cometido a consciencia o sin darse cuenta, cuya falla puede crear un desorden físico, psíquico, familiar o social. Toda sociedad está regida por cierto número de creencias, reglas y tabúes que se deben respetar, para asegurar el orden social y "místico". Esta palabra se usaba comúnmente en Costa de Marfil, cuando yo trabajaba ahí, para designar los mundos invisibles: el mundo de los espíritus, de los ancestros y de las entidades benéficas o maléficas. Por ejemplo, cuando estaba en Camerún al principio de mi carrera de psicólogo, aprendí que, entre los bamilékés, etnia del norte del país, aplastar accidentalmente una tarántula es una falta grave, ya que es un animal sagrado. Hubo una transgresión, es una falta de registro de "*mystique*". El vínculo que une lo humano y los mundos invisibles se rompió y hay una ofensa. Esto puede crear un desorden en la globalidad del campo, a nivel individual, social y espiritual, que se llega a manifestar en síntomas en el individuo, la familia o lo social. La palabra *desorden* se refiere a los síntomas. En este caso, se dice que solo el terapeuta tradicional puede resolver el problema, porque conoce la terapéutica adaptada a esta situación cultural particular. Es la razón por la cual los psiquiatras franceses ejercen en África enviando algunos de los pacientes con el terapeuta local.

En las diferentes tradiciones amerindias, el acto terapéutico también se considera como un ritual que permite al ser humano conectarse ahí donde hubo una ruptura, reconectarse con el espíritu de la naturaleza, del universo, con los ancestros, con la parte trascendente del ser que se ha olvidado o despreciado. Se trata de reconectar, de reencontrar la unidad rota, para devolver al humano la comunión con lo que está más allá de sí.

Encontramos aquí uno de los objetivos de la Gestalt, que es acompañar al paciente en terapia para que recupere su unidad psicosomática, pero también para que sienta que es uno con su entorno y con el universo. Lo que conecta con ciertas tradiciones orientales cuyo mensaje es salir de la dualidad para ir hacia la no-dualidad.

Poner el desorden en el ajuste neurótico

El terapeuta tradicional es el maestro del desorden en la medida que organiza y apoya las ceremonias, los rituales, los encantamientos necesarios para sanar, a menudo de noche. Al hacerlo creará el desorden en el desorden, el sistema neurótico se puede considerar como un desorden psíquico. Posición paradójica: poner desorden en el desorden para restablecer el orden. El terapeuta tradicional que trabaja con los estados de consciencia modificados creará así, con sus "medicinas", el caos, la desestructuración de lo mental, de lo racional, en su hogar y en su paciente. Viví estos momentos de intensa desestructuración en los que no hay tiempo, espacio, cuerpo, arriba, abajo, adelante, atrás; somos impulsados en un universo inmensamente distante e indescriptible, donde todo es caos y sinsentido, y donde no podemos estar en la consciencia de esta debacle sin poder hacer nada y vivir lo que provoca en nuestro estado del momento. Solo hay que estar ahí, sentir, aceptar, atravesar como meditando, hasta que algo nuevo emerge de este estado interior, donde lo único que queda es el sentir ampliado por los efectos de la planta y los cantos del curandero. Vivir plenamente:

- la consciencia del cuerpo en su desestructuración, en su caos, en su sufrimiento, el cuerpo como lugar donde se inscriben recuerdos recientes o lejanos, que despertarán para desenquistarse del organismo y entregar sus contenidos: es la desorganización de lo mental;
- la consciencia del estado psíquico y emocional provocado por esta desorganización de lo mental, por la pérdida de puntos de referencia y por la deconstrucción rápida de quienes somos habitualmente;
- la consciencia de que es así como estamos vivos en este instante, cuando un proceso de sanación se pone en marcha, que nuestra pulsión de vida está limpia en este proceso y que está despierta y se refuerza;
- la plena consciencia del estado de bienestar que sigue al caos, de alivio, de unidad, de conexión con todo lo que nos rodea, de luz, de amor;
- la plena consciencia de los *insights*,[6] de destellos sobre nuestra historia pasada, presente o futura, que llegan en los días y semanas que siguen.

Apoyar la experiencia en curso

El maestro del desorden es aquel que utiliza la consciencia como movimiento energético, que acompaña al ser en consciencia en la continuidad y en

[6] *Insight* es la percepción o visión interna.

el tiempo. Apoya el viaje, que es un verdadero viaje de iniciación, en el que se nos permite atravesar a medida que esta consciencia se abre, se expande. Acompaña el encuentro con lo que está presente, sin nunca saber lo que sucederá en el momento siguiente, apoya el estado de crisis, los vómitos provocados por la planta, el encuentro con las serpientes, el combate con los demonios, la transición hacia la luz, el sentimiento de estar conectado a un todo. Está presente y canta en el momento adecuado *ikaros*, cantos de sanación, que tienen como función ya sea activar el estado caótico para llevarlo a su paroxismo o calmarlo y pacificar el estado interior. También es musicoterapeuta. El *ikaros* en el momento preciso es como la intervención del psicoterapeuta o la interpretación del psicoanalista en el momento correcto. Es un psicoanalista que canta.

Es la consciencia corporal que siempre se mantiene y amplifica la que hace que no nos volvamos locos. Es lo que llamo en *Ainsi parle l'Esprit de la plante* (2000), una *locura reestructurante*, una desestructuración por una reestructuración más ajustada.

Gracias a estos cruces, lo que aprendí del curandero, y que en ciertos puntos se une al saber-hacer gestaltista, es la noción de *sostener*, de *apoyar*. Sostener lo que emerge en la experiencia del paciente sin interrumpirlo con intervenciones inapropiadas o provocadas por la angustia que nos genera la situación. Sostener el *continuum* de la consciencia del paciente en su viaje a través de las sombras y de la deconstrucción, con respeto, sensibilidad, humanidad, teniendo confianza en el proceso y en la inteligencia de la vida.

Cuando acompañamos a nuestros pacientes en el *continuum* de la consciencia, estamos en un proceso que puede hacer surgir los mecanismos existenciales y relacionales generados por nuestras heridas del pasado. Somos como los maestros del desorden: nosotros sostenemos el proceso hasta que desequilibra las construcciones neuróticas que se han vuelto inútiles en el contexto actual, pero que se repiten al punto de que se vuelven una segunda naturaleza. Es lo que en Gestalt llamamos *la deconstrucción de las pautas neuróticas*; lo hacemos sosteniendo el proceso *awareness/consciousness* en relación con nosotros, terapeutas, hasta donde podemos llegar. Este proceso comprende varias etapas:

- entrar en la plena consciencia de las situaciones neuróticas y de sufrimiento que emergen;
- sembrar la duda, luego el desorden y el caos en estas construcciones que se han vuelto inadecuadas;

- acompañar al paciente que atraviesa la etapa de caos y que encuentra los monstruos internos, la confusión, la incertidumbre, el vacío, la angustia de la muerte;
- dejar surgir lo que ocurre naturalmente en estos estados cuando emergen y de los cuales el paciente es cada vez más consciente;
- dejar que la reconstrucción se produzca como lo haría el organismo en su espontaneidad, creación, con el tiempo que esto le tome;
- sostener el estado interior y la plena consciencia de este estado el tiempo que sea necesario, hasta que surja algo más.

Consciencia corporal y ampliación del campo de la consciencia

El cuerpo consciente en el centro del proceso

Las prácticas de las terapias primarias que se basan en un estado de consciencia ampliado hacen que el cuerpo exista a través de una mayor consciencia y una amplificación del acto de sentir, hay un efecto de aumento. Se despierta, provoca sensaciones de calor, de frío, de bienestar, manifestaciones fisiológicas, agita el ímpetu de vida, da vida, estimula los registros que el cuerpo lleva dentro de la historia personal, genealógica y universal. Comprendemos entonces la idea de Perls y sus colaboradores (1951): el cuerpo es el fondo que contiene todos los posibles. Y también la idea de W. Reich, según la cual toda nuestra historia está inscrita en nuestro cuerpo. Lo que proviene del entorno tiene un efecto sobre él. El entorno es, entonces, la medicina exterior reconocida, celebrada con rituales apropiados; luego se absorbe, se incorpora, es el curandero y sus aprendices y el contexto en el cual esto ocurre. El contacto con el cuerpo como fondo y lo que proviene del entorno es la información a partir de la cual todo se pone en movimiento, la información que abrirá otras posibilidades que no sospechamos. El efecto amplificador resalta elementos que ya estaban ahí, en la sombra, en el no-consciente. Como mencioné antes, solo en el cuerpo puede manifestarse el *ello.*

El cuerpo consciente en contacto con el ambiente siente, reacciona. De ahí viene lo que los terapeutas Gestalt llaman el *ello* de la situación. Es la energía vital despertada y estimulada por lo que provoca el contacto con el entorno, es la fuerza que propulsará en primer plano lo que es necesario vivir y concientizar para la sanación, el crecimiento. "El cuerpo es el fondo, el apetito o el estímulo ambiental, es la figura. Es lo dado o la identificación, el *ello* de la situación disolviéndose en posibilidades" (Perls *et al.*, 1951). Cuando permanecemos en el *continuum* de la consciencia a lo largo del tiempo, como sucede con las medicinas ancestrales, y como hacemos en meditación, por ejemplo, o en ciertos momentos del proceso en Gestalt; hay un despertar, una amplificación de sensaciones, tensiones, un despertar de inscripciones corporales. El *continuum* de la experiencia interior se amplifica y se mantiene, se desarrolla espontáneamente, de forma natural, según lo que llamo una *cadena asociativa organísmica*. Dicha cadena está formada por lo que emerge y que pasa por el cuerpo, lo imaginario, el recuerdo, las emociones, las visiones, los sueños, los momentos de contacto con la sombra, con los demonios, con la luz, recordatorios de la historia pasada, premoniciones del futuro, mensajes que dan orientaciones de vida, recuadros del pasado grabados en el organismo que se despiertan, indicaciones sobre situaciones inconclusas del pasado que deben tratarse… Este estado de consciencia amplificado de todas las manifestaciones organísmicas puede ir hasta la náusea y provocar vómitos, lágrimas, diarreas, sudoración. Sale por todos los orificios del cuerpo; es lo que el curandero llama una *limpia*, una *limpieza*. Es una depuración del cuerpo físico y energético, de la historia presente y pasada. Esta limpieza es parte del proceso de desorden, desestructuración y estructuración de un nuevo orden.

¿Y el **awareness***?*

Atravesar lo que vivimos por medio del estado de consciencia ampliado nos permite comprender mejor lo que llamamos *awareness*, así como también darnos cuenta de lo que llamo el *proceso de concientización en relación*. Este movimiento, por demás terapéutico, en el cual las dos formas de consciencia, inmediata y reflexiva existen en la continuidad entre sí y, a veces, simultáneamente, se informan y se completan una con otra, dando a la persona un sentimiento de unidad con ella misma, pero también con el entorno, con el cual se convierte en una.

Estas experiencias vividas y repetidas han cuestionado en mí, sin cesar, la noción de *awareness*, sin haber llegado a encontrar respuestas satisfactorias. Sin embargo, al final de este capítulo trataré de completar lo que ya escribí en el capítulo 2.

El *awareness* sería, en primer lugar, esta consciencia primaria básica, básica en la medida en que yo la veo como uno de los elementos base de la vida, esta consciencia–alerta, lista para despertar en caso de necesidad. De esto ya hablé con anterioridad. También existiría de otro modo, sería la consciencia en el sueño, en barbecho, en espera del despertar, que no está activada, que se almacenaría en el organismo bajo la forma de recuerdos disponibles, aunque a menudo no accesibles en estado de consciencia ordinaria. Pero también sería esta inmensidad de consciencia en la cual nos bañamos, para retomar la expresión de Welwood, y que nos rodea. Esta podría verse como lo que algunos llaman la *consciencia universal*, algunos de cuyos fragmentos pueden pasar a través de nosotros cuando estamos en un estado de recibirlos, de captarlos y de concientizarlos plenamente.

Planteo la hipótesis de que entre las prácticas que permiten la ampliación-cultivo del campo de la consciencia, para mí la meditación es una, ya que es capaz de contactar el *awareness* en el cual nos bañamos y esta consciencia latente en nosotros que existe bajo forma de recuerdos disponibles, pero aún no despiertos. El contacto pleno entre una y otra podría despertar algunos de estos recuerdos que van entonces a entregar sus contenidos en forma directa unas veces y otras en forma metafórica, simbólica y por medio de diferentes manifestaciones ya evocadas:

- manifestaciones corporales: sensaciones, posturas, tensiones, reacciones fisiológicas, efectos sonoros, eliminación por la transpiración, lágrimas, orina, diarreas, eliminación por todos los orificios y por toda la superficie de la piel;
- estados internos: pesadez, ligereza, enojo, frío, confusión profunda, desestructuración, pérdida de referentes habituales, distorsión del tiempo y del espacio, de la imagen corporal…
- sueños diurnos: sueños mientras se duerme, visiones, alucinaciones, que pueden ser consideradas como una metáfora o una simbolización de los recuerdos que hasta entonces permanecían cerrados;
- sentimiento de unidad: de conexión, de estar en armonía con el todo, el gozo, el contacto con lo divino;
- los *insights*: durante la sesión y en los días o semanas que siguen.

Estas manifestaciones deben trabajarse verbalmente a efectos de que puedan ser decodificadas, encontrarles un sentido y que se integren al organismo, que a veces queda en estado de *shock* por su aparición y expresión.

Según J. Welwood, psicólogo clínico, filósofo y practicante de meditación, el *awareness* tiene un rol importante en terapia: "Una parte de la sanación es darse cuenta de que el *awareness* es el entorno que contiene lo primordial. El *awareness* es la enzima que nos permite digerir las experiencias no digeridas del pasado. Es entonces el corazón de una vida espiritual encarnada".[7]

[7] Cita traducida por Itaka Martignoni, tomada de una emisión propuesta por Sounds True (en 2012, duración 59:31), *Healing the Core Wound of the Heart* [La sanación de la herida

Awareness *y mundos invisibles*

De este modo, el awareness proporcionaría acceso a lo que los terapeutas primarios llaman los *mundos invisibles*. Para comprender de qué se trata, nos referimos al chamán suizo Laurent Huguelit (2012), quien escribe acerca de este tema: "La realidad invisible en la cual viajan los chamanes tiene muchos puntos comunes con internet; es una realidad en la cual está almacenada toda la información posible e imaginable —incluso más allá— y lo que hacen los chamanes es ir a buscar esta información... Un chamán viaja a otra realidad y regresa enseguida a él en su cuerpo". Explica en su libro que es el arte de jugar con los ocho circuitos de consciencia que ha identificado y que permiten tener acceso a estos mundos invisibles.

Hay una expresión que a veces utilizan algunos psicoterapeutas que no se refieren al psicoanálisis y al concepto de *inconsciente*: es el no-consciente, que sería de naturaleza diferente al inconsciente en el sentido freudiano. Es acertado, pero a veces lo escucho como una gran trampa que se cierra a la elaboración. Planteo la hipótesis de que este no-consciente funciona según ciertos principios y que tiene su propia organización. La experiencia chamánica permite reemplazar la expresión "no-consciente" por "mundos invisibles", lo que remite a la fenomenología de la percepción de Merleau-Ponty, lo visible y no visible como fenómeno perceptivo y a la capacidad de cada uno de nosotros de "ver". Ver lo que no se ve, que en realidad aún no llega a la consciencia inmediata, pero que está activo en la sombra, que no forzosamente es parte de lo reprimido y que podemos captar en determinadas condiciones. Sería el inconsciente al aire libre, no encerrado en una teoría que corre el riesgo de enclaustrar lo que por definición no tiene límites. Estos mundos invisibles pueden existir, en forma de recuerdos que duermen en nosotros y que a menudo están grabados en nuestro cuerpo; pueden manifestarse en ciertas condiciones, en particular mediante el uso de ciertas prácticas terapéuticas ancestrales.

Así, el psicoterapeuta en el que me convertí estuvo influido y marcado por la inmersión en diferentes formas de meditación y en distintas prácticas ancestrales. Estas experiencias de consciencia, que habían comenzado para mí con el descubrimiento de la terapia Gestalt y los rastros que dejó en mí, constituyen el fondo que subyace mi práctica de supervisor, formador y con-

esencial del corazón], A conversation with John Welwood (con Tami Simon, de Sounds True), disponible en: https://manyvoices.soundstrue.com/healing-core-wound-heart-conversation-john-welwood. Véase también Welwood (2003).

ferencista, así como la elaboración que hice de ella y que nutre los capítulos siguientes. A partir de estas experiencias pude volverme sensible a los fenómenos de intercorporalidad en el proceso terapéutico, comprender la relación terapeuta-paciente en una perspectiva de campo, dar una nueva visión de la empatía terapéutica basada en el ser en consciencia juntos, con otro, para abrir el ser humano a su dimensión espiritual.

Capítulo 5
Las cuatro modalidades de consciencia en el proceso terapéutico

Los seres humanos acuden a terapia porque sufren y están conscientes, con deseos de comprender, disminuir o transformar este sufrimiento. El budismo, como la Gestalt, nos enseña que el hecho de desarrollar la capacidad de estar en consciencia puede tener una repercusión sobre el estado interior y sobre el sufrimiento.

Traté desde el principio de utilizar los dos conceptos, *awareness* y *consciousness*, para ayudar los psicoterapeutas a apoyarse mejor en la noción de *consciencia* en el proceso terapéutico, por eso me apoyo en mis diferentes experiencias de meditación y en mi compromiso con ciertas tradiciones terapéuticas ancestrales, como desarrollé en los capítulos 3 y 4.

Me apoyo también en mi experiencia clínica como terapeuta Gestalt y en la observación de lo que ocurre en las prácticas que propongo en mis seminarios de formación sobre este tema, que he impartido durante muchos años en América Latina. Presenté el tema "Cuatro modalidades de consciencia en el proceso" por primera vez en Argentina en 2010, en el marco de la Asociación Gestalt de Buenos Aires (AGBA); luego durante el congreso internacional sudamericano que se desarrolló en Colombia en 2015 y después no he cesado de profundizar en este tema en los diferentes seminarios que dirijo.

También me inspiré en el psicoterapeuta estadounidense J. Welwood (2003) y en J. Vigne, quienes establecen una síntesis entre la psicoterapia existencial y el budismo.

Asimismo, me marcó Ken Wilber (1997), considerado como uno de los fundadores de la psicoterapia transpersonal y quien desarrolló una "teoría integral de la consciencia", en la cual distingue nueve niveles de consciencia. Además, mi enfoque chamánico me hizo descubrir los escritos de L. Huguelit (2012), terapeuta-chamán suizo que desarrolla la idea de que existen ocho circuitos de consciencia que interactúan unos con otros, donde se unen los niveles terrestre y transpersonal.

Cuatro modalidades de consciencia

Estas diferentes influencias y experiencias me llevan hoy a identificar cuatro niveles de consciencia sobre el plan psicológico y terrestre, y a considerar que cada uno de estos cuatro niveles tiene su correspondiente en la esfera de lo mental superior a nivel transpersonal. En este capítulo muestro los cuatro primeros niveles. Presentaré la extensión de estas cuatro modalidades, con su posible apertura a la dimensión espiritual, en el último capítulo.

Con este texto deseo ayudar los psicoterapeutas, sean cuales sean sus orientaciones teórico-clínicas:

- a comprender mejor el concepto de *consciencia* en el contexto de la psicoterapia, a entender sus modalidades y sutilezas, y a reubicarlas en el contexto de la teoría del *self* presente en el capítulo 2, porque, como dice Stern, cualquiera que sea el enfoque que utilice el terapeuta, puede siempre integrar la detención del "momento presente" con sus dos dimensiones de consciencia primaria y consciencia reflexiva, y entrar en "la postura meditativa" en su práctica;
- a utilizar el concepto de consciencia como herramienta clínica en el acompañamiento del proceso terapéutico, a fin de comprender mejor las diferentes modalidades de la consciencia para identificar cuál es la adecuada y apoyarla en los diferentes momentos del proceso terapéutico;
- a abordar la reflexión siguiente: trabajar con la consciencia en el proceso terapéutico, ¿abre a la dimensión espiritual?

En todos los casos se trata de centrar la atención en uno mismo, en el momento de vivir la experiencia, porque, como recuerda J. Vigne (1996, cap. 2), "la atención es la consciencia en acción". Para mí es un enfoque activo que necesita una movilización del ser, un deseo, una curiosidad sobre uno mismo comprometido en la vida, un deseo de descubrir: descubrirse en los fundamentos y permanecer comprometido con la sociedad, un espíritu de aventurero y guerrero listo para explorar las zonas de sí desconocidas, oscuras y a aceptarlas. Es también un proceso de bienvenida, de dejar ir, de abandono a lo que viene sin plantear preguntas, teniendo confianza y fe en el proceso.

Había estado buscando la manera de ayudar a los terapeutas Gestalt —que yo formé— a dilucidar cómo podíamos comprender la noción de *consciencia* en el contexto de la terapia y convertirla en una herramienta clínica importante. Comenzó con estas preguntas: este enfoque que consiste en *estar en la consciencia de* permite concientizar: ¿Qué? ¿Con qué propósito? ¿Plena consciencia de qué? ¿Cuáles son las instancias del ser humano que se concientizan? ¿Para ir hacia qué? ¿Qué hacer con los contenidos de la consciencia?

Trataré de explicar las cuatro modalidades de consciencia que caracterizan el nivel psicológico y relacional en terapia Gestalt, describiéndolas una por una para una mejor comprensión, aunque en realidad no funcionan de una manera lineal, unas después de otras, sino en interdependencia. En el funcionamiento de un individuo sano, se alían entre sí y dan al individuo cierta fluidez, tanto en su mundo interno como en su relación con el entorno.

En psicoterapia, en general vemos personas con disfunciones en estas modalidades y por tal razón es importante diferenciarlas.

Primera modalidad: La consciencia sensorial o sensorio-*awareness*

Es lo que denomino la "consciencia primaria básica", esta especie de vigilancia básica de la que no estamos explícitamente conscientes, pero que actúa para guiarnos de manera adecuada, y esta acción sobre nosotros se hace con frecuencia sin nuestro conocimiento. Se trata del *awareness*, que ya presenté en el capítulo 2.

Nosotros lo pedimos a través de determinadas prácticas corporales, siempre con la misma invitación: "Centra tu atención en lo que sientes en tu cuerpo en este momento, en tus sensaciones, tus reacciones corporales, tu respiración, tu ritmo cardíaco, tu fisiología moviéndose... una vez... y otra vez... Deja venir lo que llega espontáneamente... abandónate, ten confianza en el proceso y en la inteligencia de tu organismo". Es una especie de meditación basada en los mismos principios de la meditación zen o *vipassana*, pero con una dimensión intersubjetiva, ya que esta invitación a enfocarse en sí mismo es primero válida para el terapeuta, quien se supone que ya lo ha integrado en sus habilidades.

Nos lleva a las fuentes de la vida, a la vibración vital, a los fundamentos de la existencia en sus raíces corporales, en la consciencia de los movimientos físicos y psíquicos del organismo por su supervivencia y su desarrollo.

A través de esta, entramos en la consciencia de que somos materia, nuestro cuerpo es un fragmento de esta materia que está en proceso de evolución desde el Big Bang, que es psicofisiología en movimiento. Al concentrarnos en nuestro cuerpo, nos inscribimos en la Tierra y en el Universo, entramos en un proceso de encarnación. Desde W. Reich y el análisis bioenergético, corriente psicoterapéutica que está en el origen, pensamos que nuestra materia corporal es en sí misma portadora de inscripciones y recuerdos, como las inscripciones de nuestra historia, traumas, amenazas a la supervivencia, secretos de familia, y quizá más allá de esto, las inscripciones de la historia de la humanidad. Concentrarnos en el *continuum* de nuestra experiencia corporal es una manera de despertar algunas de estas inscripciones, lo que luego nos permite verlas, recibirlas y ponerlas a trabajar si es necesario. Esto lo he verificado en numerosas ocasiones durante la observación clínica de los procesos terapéuticos que he acompañado.

Es también entrar en la consciencia de la animalidad en nosotros, del funcionamiento fisiológico que tenemos en común con los animales. Es contactar, recibir y reconocer la "bestia" en nosotros, lo que nos evita convertirnos en ángel sin cuerpo, para retomar la metáfora de Pascal (1962). Esto nos permite recuperar nuestra pulsión de vida en lo que puede tener de salvaje, de primaria, de cruda, para saber luego orientarla hacia nuestra humanidad, el contacto con los otros, el altruismo, la benevolencia, el amor, el éxtasis.

En terapia: el paciente nos cuenta su historia, y esto lo hace sufrir, nos dice lo que quisiera cambiar. Escuchamos el contenido, desarrollamos nuestra capacidad de estar en la presencia de lo que viene aquí y ahora, dejamos que nuestra empatía despierte y lo acompañamos en el *continuum* de su experiencia: "tú me cuentas esto (reformulación), déjate sentir lo que pasa en ti, en tu cuerpo... cierra los ojos... y de nuevo... de nuevo..." El terapeuta recibe las sensaciones, las emociones, los silencios, las tensiones, sostiene el *continuum* de la consciencia del paciente, para que de ahí pueda surgir lo que el organismo necesita para restablecer su equilibrio. Acompaña al paciente con su presencia en un estado que evoca el estado meditativo, y él también se encuentra en la consciencia de su experiencia en relación con el paciente. Ambos están en el *continuum* de su experiencia, en presencia. De este modo creamos un estado de estar juntos que permite que ciertas inscripciones grabadas en el organismo surjan al primer plano, luego se desarrollen, sobre todo hacia nuevas sensaciones, emociones, imágenes, recuerdos, minirregresiones...

El terapeuta está en la consciencia de su experiencia al mismo tiempo que sostiene el *continuum* de la experiencia del paciente. Como describí antes, él se conecta al mismo tiempo con el paciente, consigo mismo en relación con el paciente, a la consciencia universal y eventualmente a las tradiciones espirituales o chamánicas a las cuales está asociado. Se coloca en estado de meditación frente a su paciente para acompañarlo. Están juntos en un estado meditativo, el estado meditativo del terapeuta que está al servicio del paciente y del proceso terapéutico, pero también de la apertura de su propio despertar y de su propia sensibilidad frente al paciente. Es lo que llamo la *postura meditativa* en el proceso terapéutico.

Se trata —a través de esta forma de consciencia— no solo de volver a anclar al paciente en las bases mismas de su existencia, de su impulso vital, de su encarnación, sino también de crear un fondo sensorial y sensible común para hacer existir el proceso terapéutico, basado en el hecho de estar juntos en un camino de apertura del *awareness*. Este trabajo sensorio-*awareness*, de apertura de la consciencia sensorial de base, podría apreciarse como una especie de meditación gestáltica al servicio:

- de la creación de una matriz que envuelve a uno y otro como si fuera un contenedor del proceso terapéutico;
- de la aparición de situaciones que tienen necesidad de ser visitadas y puestas a trabajar;
- de la restauración del sentimiento de existencia del paciente;
- del despertar del espíritu que anima este sentimiento de existencia.

Segunda modalidad: La consciencia emocional-relacional

En el ciclo de la vida, son las secuencias en las que el ser humano resiente una necesidad, un querer, un deseo, comienza a mirar a los otros, el entorno, a imaginar y pensar cómo podría satisfacer su necesidad. Se da cuenta de que el otro está ahí y de que es necesario ir hacia él para satisfacer sus necesidades de base, comunicar, sentir que existe en relación, dar sentido a su vida, buscar el amor. El hecho de tomar consciencia de la existencia del otro desencadena la emoción: lo amo, lo detesto, me siento frustrado, abandonado, amado, reconocido, despreciado, odiado, mirado con lujuria... Estos sentimientos, en un espacio donde lo emocional y lo relacional se sobreponen, nos refieren a la construcción del vínculo en nuestra relación con el otro o al sufrimiento debido a la falta de este vínculo, o a los accidentes en esa construcción.

Con frecuencia recontactamos, en la relación terapeuta-paciente, lo emocional de base, que se construye a partir de las heridas de la infancia, durante su desarrollo y de su historia; estas heridas son siempre heridas de amor. Son los momentos fuertes del proceso terapéutico; cuando los mecanismos neuróticos del paciente se reactualizan en la relación con el terapeuta, podemos entonces ponerlas a trabajar *in vivo*, lo que genera muchas emociones. Es también la ocasión de identificar cómo nuestra percepción de nosotros mismos y del mundo están influidas por las creencias que se arraigaron, fabricadas por nuestra historia.

Esta modalidad de consciencia es el *awareness* puesto en la relación. Nos hace seres de vínculo, de contacto, nos sitúa en lo humano, en lo interhumano, en la coconstrucción del vínculo y de la relación. Sienta las bases de lo social, ya que a partir de yo-tú[1] se abre el mundo de los otros y de vivir juntos.

En terapia: el terapeuta sostiene el *continuum* de la consciencia emocional-relacional y desarrolla así la presencia. Apoya la experiencia del paciente en diferentes niveles:

- el surgimiento de sus emociones en relación con los personajes y los eventos de los que habla, de su historia actual o pasada;
- el reconocimiento y la expresión de esas emociones, sin empujarlas, con un telón de fondo de esta postura que proviene del proverbio chino: "Es inútil empujar el agua del río, ella fluye sola";
- la plena consciencia de sus emociones, el reconocimiento de sí mismo con esto (me veo, me siento, me reconozco en esto, en relación con el otro);
- la plena consciencia de la relación que tiene con estas emociones (yo acepto, yo rechazo, me juzgo a mí mismo, no quiero ver, finjo que no existe, tengo vergüenza…)
- la observación de sí mismo en relación con el otro (me veo, me siento, me reconozco en esto contigo, frente a ti);
- la aceptación de lo que es y de sí mismo en contacto con sus emociones, sus sombras;
- la reactualización emocional, aquí y ahora, en la relación con el terapeuta, con la frase: "¿Cómo es lo que tú vives con tal persona y que también está presente entre nosotros dos?";
- la angustia que puede surgir a lo largo de este proceso;
- el miedo frente a lo desconocido.

[1] Véase el libro de M. Buber, *Je et Tu* (2012), que ha inspirado mucho a los terapeutas Gestalt, así como a los psicoterapeutas existenciales.

El terapeuta acompaña la toma de consciencia de "yo soy quien aparece en este momento, esto es parte de mí..." Está en una postura fenomenológica: no busca comprender, no interpreta, es testigo benevolente, observador, casi partera de la plena consciencia de sí: "esto que sucede aquí y ahora soy yo". Hasta que llegue la aceptación o la preaceptación: "sí, yo soy también esto y ahora lo acepto". Está en lo que llamo la *consciencia-presencia*. Al permanecer en la consciencia de sí mismo frente al paciente, se pone en un estado de consciencia ampliado, no está solo en lo psicológico, está en lo energético, en la confianza en proceso, en una especie de fe, quizá incluso en la apertura a la dimensión espiritual. Estamos en lo que Frank Staemmler llama un *estado de consciencia ampliado en pareja*.[2]

A nivel psicológico, exploramos nuestras formas de estar en contacto con los otros:

- a través de la reactualización de nuestros escenarios de vida que ya no se adaptan a las situaciones presentes;
- a través de la búsqueda de nuevas maneras de ser y de hacer, más creativas;
- a través de la capacidad de ajustarnos de manera fluida.

Tercera modalidad: La consciencia en sus dimensiones reflexiva y cognitiva

Es la continuación lógica de la modalidad precedente: es la dimensión cognitiva de la consciencia, *consciousness*. A partir de la experiencia vivida, entro en una consciencia más mental de los mecanismos relacionales-existenciales que he puesto en práctica en mi historia para sobrevivir y que repito en mi vida diaria. Puedo verlos, reconocerlos, reconocerme con y darles sentido a través del lenguaje. Esta dimensión cognitiva es una herramienta esencial de autoconocimiento, trasciende el sentimiento y lo emocional cuando viene directamente de la experiencia vivida aquí y ahora en la relación. Es el *insight* que da sentido a lo que pasa. Es la inteligencia conectada a la experiencia relacional, que comprende lo que pasa y que da la posibilidad de poner en palabras lo que pasa: yo comprendo que soy alguien que... Esta comprensión basada en la experiencia relacional y en la apertura dada por el ser en la plena consciencia de... nos da la inteligencia y el discernimiento que nos permiten "ver" más allá de lo que vemos habitualmente, y sentir

[2] Frank Staemmler es un terapeuta Gestalt alemán que trabajó para rehabilitar la noción de empatía en Gestalt y para realizar una terapia intersubjetiva. Véase Staemmler (2012).

cómo podemos hacer para cambiar. Integrar en un solo acto sentirlo, verlo, comprenderlo, actuar en relación, y todo esto con benevolencia, compasión, con el corazón abierto, es la inteligencia encarnada en el cuerpo y en la relación, la inteligencia del corazón.

En terapia: el terapeuta acompaña en los dos niveles anteriores para que la consciencia emocional evolucione hacia esta comprensión que permite liberarse de un estado emocional a veces excesivo y en el cual algunos pacientes se complacen. Puede apoyarse en las siguientes intervenciones:

- observemos juntos lo que tú haces en esta situación;
- toma plena consciencia de las reacciones y mecanismos relacionales que se instalan en esta situación;
- obsérvate reaccionando así y dime lo que comprendes de ti en esta situación;
- mira cuál es el resultado, cuál es el precio a pagar;
- y ahora que sabes eso de ti, ¿qué vas a hacer?;
- tú puedes elegir quedarte como eres, plenamente consciente de que tú escogiste;
- tú puedes también cambiar: si es el caso, ¿cómo lo ves tú?, ¿con quién?, ¿en qué contexto? Concretamente, ¿cómo lo vas a hacer?, ¿puedes anticiparlo y visualizarlo?

En estos momentos, el terapeuta debe salir de la historia del paciente, pero sin perder su sensibilidad. Se convierte en una especie de terapeuta psicosociólogo que observa los comportamientos de alguien en una parte de su vida. Es una especie de yo auxiliar, independiente, que permite el surgimiento de esta consciencia mental conectada a los niveles de energía sensorio-*awareness*, que abren la puerta a nivel emocional-relacional, hasta esta representación consciente del yo existente. Se trata de comprender a partir de cuáles "leyes" funcionamos, cuáles son las leyes implícitas sobre las que se construye nuestra existencia y cómo influyen en nuestra vida y nuestras elecciones. Utilizo la palabra "ley" porque, desde el punto de vista del organismo que sufre, el mecanismo de sobrevivencia se vuelve necesario para mantener cierto equilibrio: se convierte en "ley", nos evita colapsarnos (narcisista) o la explosión, la disolución en el universo (psicosis).

Cuarta modalidad: La consciencia social y moral

La toma de consciencia y el análisis de las interacciones entre nosotros y los otros, abren la dimensión social, a la comunidad, a lo colectivo, a lo político, a la cultura, con sus reglas explícitas e implícitas, sus sistemas de valores, sus creencias, su ética.

El hecho de desarrollar esta consciencia nos lleva a interrogarnos sobre nuestro propio sistema de valores, sobre nuestras creencias explícitas e implícitas en relación con nuestra pertenencia a distintos grupos. ¿A qué sistemas de valores nos adherimos? ¿Al de la familia? ¿Al de la cultura ambiental? ¿Al de una religión o una corriente espiritual? ¿Al de un sistema político? ¿Estamos de acuerdo con estos sistemas? ¿Nos adherimos libremente o de forma reactiva o por evitar u orientados por nuestro fondo neurótico? ¿Y nosotros, qué queremos nosotros? ¿Cuál es nuestra moral, nuestra ética, nuestro compromiso social?

Esta modalidad plantea explícitamente la cuestión de nuestro lugar en el mundo y de nuestro compromiso:

- el lugar que tomamos o que no tomamos en nuestra familia, en la pareja, en nuestro barrio, en nuestro trabajo, en las asociaciones, en el ámbito social, en la arena política…
- nuestro justo lugar relacionado con nuestras necesidades, nuestros intereses, nuestras competencias, pero también con las características de la sociedad en la que vivimos.

Esta consciencia nos abre al hecho de que nuestros síntomas y nuestras enfermedades son quizá la expresión de un malestar relacionado con la manera en la que ocupamos un lugar en el medio social, en la vida pública. ¿Estamos en el lugar correcto?

Podemos también hablar acerca de una modalidad social-existencial: la "tercera historia", es decir, la historia en coconstrucción de la relación terapéutica y el análisis que paciente y terapeuta pueden hacer juntos, que implica salir del ambiente cerrado de la terapia y ver cuál es nuestra relación con los otros, lo sociedad, la comunidad, el mundo. Esto también cuestiona nuestras elecciones, nuestros rechazos, nuestras críticas sobre la sociedad, nuestra responsabilidad en el porvenir del planeta y, por extensión, o al mismo tiempo, los temas existenciales llegan de forma natural: la vida, la muerte, la soledad, el dinero, la angustia, el vacío, la sexualidad, el amor, la violencia, el sentimiento de aceleración del tiempo, el porvenir de nuestro mundo y nuestros nietos, la espiritualidad…

En terapia: el terapeuta acompaña el paso de los sentimientos y la consciencia de los mecanismos relacionales del paciente hacia esta cuestión del ser social que encarna, lo cual es delicado, puesto que sutilmente el terapeuta puede tratar de inducir algo de su propio sistema de valores y de sus creencias personales.

No impedir nada, no provocar nada

Se trata, para nosotros psicoterapeutas, de apoyar el proceso de concientización en sus diferentes modalidades y trabajar para que estas modalidades entren en una relación fluida y en alianza unas con otras. Este proceso de concientización, basado en los contenidos y en nuestra observación del proceso, dará lugar a momentos en los que estamos de manera más particular en esta postura que llamo *postura meditativa*, que es la plena consciencia o la terapia de concentración en relación. En el capítulo 7 desarrollaré la noción de *momento sensible* que propone una reflexión acerca de cuándo y cómo dejar los contenidos e introducir una secuencia de meditación intersubjetiva para continuar el proceso en curso.

Apoyar el proceso de concientización en el contexto: no provocar nada y no impedir nada.

Solo al desarrollar la capacidad de entrar en la sutileza de estas diferentes modalidades de consciencia, el psicoterapeuta puede aumentar su capacidad de captar, sentir —ser sensible en su cuerpo, en su estado interior, en su estado emocional— los fenómenos, lo que de lo invisible busca manifestarse, los fenómenos de intercorporalidad, de microcampos introyectados, de identificación proyectiva.

SEGUNDA PARTE

LA PLENA CONSCIENCIA EN LA RELACIÓN PACIENTE-PSICOTERAPEUTA

Capítulo 6

La relación en psicoterapia: Perspectiva de campo

Ahora que hemos sentado las bases de la plena consciencia o terapia de concentración como la concebimos en psicoterapia, vamos a continuar nuestra reflexión preguntándonos cuándo y cómo podemos introducirla en la relación terapeuta-paciente.

Comencemos por tener claro lo que entendemos por *relación* al plantear la siguiente pregunta: ¿Cuál es esta fuerza de conexión que actúa entre dos individuos, que va a vincularlos y a crear lo que llamamos una relación? Tomé prestada la expresión "fuerza de conexión" de Ophélie Avron (2004), psicoanalista y psicodramatista que me marcó mucho cuando yo era estudiante de psicología clínica en la Universidad París VII. Ella planteaba la hipótesis de que es la emocionalidad que circula entre uno y otro en la terapia de dos, y entre los participantes de un grupo, y que los une.

La relación paciente-psicoterapeuta será siempre un misterio para mí. Hay algo fascinante al respecto que me empuja a tratar de acercarme lo más posible. ¿No será también ese misterio el que le otorga su propiedad terapéutica? Es un enigma y vamos a tratar de captar algunos elementos, unos de los cuales actúan primero en lo invisible para luego manifestarse en lo que Merleau-Ponty y Staemmler (2012) llaman la *carne de la relación*. La palabra invisible se presta en ocasiones a la crítica si se toma en un sentido esotérico. Yo la tomo en el sentido fenomenológico que le da Merleau-Ponty (1979) y que tiene que ver con la percepción, que no se ve aún, pero que es susceptible de ser vista por los ojos o ser percibida por uno de los cinco sentidos.

Algunos estudios indican que la relación es más terapéutica que las técnicas o las corrientes a las que nos referimos, idea a la cual me adhiero completamente después de 45 años de práctica. Nos corresponde ahora ponerla en primer plano de nuestra reflexión, luego identificar de qué manera el acompañamiento por el proceso *awareness-consciousness* participa en su construcción y por qué es un factor terapéutico importante.

Propongo una nueva manera de comprender la relación terapeuta-paciente desde una perspectiva de campo. Puede sorprender al lector y suscitar críticas. No se trata de la verdad, es solo un intento por comprender uno de los factores importantes del cambio que siempre está en proceso de investigación.

Uno de los aportes de la terapia Gestalt a la historia de las psicoterapias es el concepto de *campo organismo-entorno*. La noción de campo fue introducida por Lewin, considerado como uno de los creadores de la psicología social, en la década de 1940. Presentaré entonces, en este capítulo, cómo podemos concebir la relación desde una perspectiva de campo:

- a partir del concepto de *campo organismo-entorno*;
- según la teoría de los campos morfogenéticos de R. Sheldrake;
- a partir de la síntesis que hago de cierto número de principios que caracterizan la dinámica del campo y que vienen de uno y otro;
- al dar su lugar correcto a la importancia de la consciencia corporal en una perspectiva de campo.

Algunas representaciones de la relación

Cuando pregunto a los jóvenes terapeutas que superviso y que provienen de diferentes corrientes terapéuticas sobre su visión de la relación terapéutica, siempre hay una incomodidad, una duda. Como si esta palabra, "relación", que se utiliza constantemente, fuera una evidencia que no tuviera necesidad de ser explicada y que, sin embargo, es difusa. En sus representaciones hay una relación cuando las dos personas se encuentran regularmente con fines terapéuticos: una escucha, la otra habla de su vida, de sus preocupaciones, a veces interactúan y la primera interviene con planteamientos que se supone que son coherentes con su fondo teórico-clínico. Para mí, esto no es más que el principio de lo que llamamos *relación*, pero no dice nada de su naturaleza profunda, ni de cómo se forma, ni le da al terapeuta puntos de referencia para que pueda convertirla en uno de los pilares del proceso terapéutico.

Carl Rogers es el primero que me hizo sentir, experimentar, vivir la relación desde el concepto de *empatía*, pero también desde su postura terapéutica basada en la escucha, la disponibilidad, la benevolencia, el no enjuiciar, la congruencia, la visión positiva del paciente y de la vida, con un modo de intervención basado en la reformulación, la escucha silenciosa, sin interpretación ni juicio. La relación evoca para mí la metáfora del tejido, que nos llega de las filosofías y prácticas orientales, en especial tántricas, porque la palabra sánscrita *tantra* contiene la idea de tejer relaciones a través de la consciencia y a través de las relaciones en su aspecto energético (Delacroix, 1994). Para que haya tejido, son indispensables diferentes elementos: un telar, hilos dispuestos verticalmente (la "urdimbre"), un tejedor que organizará los hilos horizontales con la naveta (formando la "trama") y aún otros hilos sobre este dispositivo. Este tejedor deberá también poseer técnica, creatividad, y ser uno con su oficio de tejer los hilos que él cruza y dispone de acuerdo con los arreglos transmitidos por una tradición y eventualmente por una cosmología (como lo hacen los indígenas descendientes de los mayas en México) o según su inspiración del momento. Todos estos elementos están en interdependencia y en interacción unos con otros y el resultado es mucho más que los elementos que lo componen. El artesano es parte integrante de este todo, es quien facilita la unión de los elementos para la creación de la obra final.

El tejido me parece uno de los fundamentos del proceso terapéutico: tejer "algo" que une al terapeuta y al paciente, a medida que el tiempo pasa y que está marcado por estos momentos particulares que llamamos *sesiones, encuentros, entrevistas*, pero también por el intermedio entre las sesiones que con frecuencia proporciona material que será traído para trabajar. En el contexto de la psicoterapia relacional, son el paciente y el terapeuta juntos los artesanos de este entramado; forman un campo único, como veremos más adelante. El tejido se realiza según la tradición de la orientación terapéutica con la cual se relaciona el terapeuta, según la creatividad que va a surgir de uno y otro, juntos, y eventualmente estará coloreado por las corrientes espirituales a las que el terapeuta está conectado.

El *Diccionario histórico de la lengua francesa* (Rey, 1992) define la relación de la manera siguiente:

> La palabra prestada como término filosófico para designar la relación de interdependencia entre dos cosas o dos personas en su modo de existencia, recibió un significado general, nombrando cualquier relación recíproca entre dos seres, dos cosas... Aplicada a las relaciones sociales, la palabra se refiere a los lazos de dependencia, de interdependencia y de influencia recíproca, al hecho de comunicarse con alguien.

Hay que tener en cuenta que esta definición contiene los principios de campo que encontraremos más adelante.

La Sociedad Francesa de Gestalt ha consagrado dos números de su revista a este tema, uno en 1995, el otro en 2012. Ahí encontramos la siguiente definición: "La operación *relación* designa el tejido que se crea entre yo y los otros en la misma horizontalidad lógica" (Robine, 1995).

En mi libro titulado *La troisième histoire* (Delacroix, 2006) presenté la relación como un proceso de coconstrucción y como un fenómeno humano intersubjetivo de comunicación que se despliega con el tiempo a partir de determinado número de elementos que se enlazan uno con otro. Mostré en particular la importancia de la interdependencia, la resonancia, la coinfluencia, la emocionalidad y la coafectación, todo esto junto a la postura del terapeuta con su propio afecto concientizado, alerta, comprometido y discreto.

La palabra *relación* es una abstracción que sugiere que podría ser un producto terminado. No es un producto terminado sino un proceso en constante movimiento que implica una cocreación de lo que sucede en la frontera entre dos personas, instante tras instante.

Un proceso que siempre está cambiando y requiere frecuentes ajustes. El hecho de estar entre las dos modalidades de consciencia *awareness* y *consciousness*, una frente a otra, le otorga su realidad, su encarnación, su humanidad, su valor existencial. En efecto, se trata de reconocer mediante el sentir y la experiencia corporal que la presencia del otro nos hace existir, que nos hacemos existir mutuamente. También da una dimensión transpersonal, como veremos en el último capítulo. Si llamo a esta cocreación de la relación *la tercera historia*, es porque significa que es una historia en sí, la de encuentros regulares durante cierto tiempo entre un paciente y un psicoterapeuta, sobre el fondo de la historia del paciente y la del terapeuta, algunas de las cuales serán a veces convocadas durante el proceso y serán parte del aquí y el ahora de la relación.

La relación: Un campo entre uno mismo y el otro

Para comprender la noción de *relación*, comencemos por definir los diferentes términos de la expresión "campo organismo-entorno", que es uno de los conceptos de la terapia Gestalt y que probablemente sea de interés para los terapeutas de todas las escuelas, porque se trata de un campo específico entre el paciente y el psicoterapeuta.

La palabra *organismo* designa a la persona en situación; se refiere al ser humano percibido en su totalidad con las diferentes instancias de su ser:

- la materia corporal viva, con sus órganos, su fisiología, como lugar que se ve afectado por lo que ocurre a su alrededor;

- lo emocional y lo mental, con sus pulsiones, impulsos, necesidades, deseos, imaginación, recuerdos y pensamientos que se manifiestan a través del cuerpo;
- el espíritu que le da sentido a todo eso;
- la interdependencia entre los órganos y funciones del organismo y la salud física y mental del individuo;
- las nociones de alma que, según sus creencias y su antropología, algunos pueden incluir en esta.

La palabra *entorno* se refiere a todo lo que nos rodea y necesitamos para nuestra supervivencia, pero también para nuestro desarrollo, nuestra realización. Pero sucede que algunos entornos no son propicios para nuestro desarrollo. Un sistema de interacciones tiene lugar entre este y nosotros. Uno de los objetivos de la psicoterapia gestáltica es llevarnos a concientizar la naturaleza de estas interacciones, y luego identificar si están al servicio de nuestro crecimiento o no. Si no lo están, ahí es donde comienza el proceso psicoterapéutico y el cambio. El cuerpo es el receptáculo de las influencias directas o indirectas provenientes de nuestros diferentes entornos, de ahí la importancia de la consciencia corporal de la cual hablo a lo largo de este libro, el sentir como indicador de lo que es correcto o no para nosotros.

El guion entre ambos términos significa que están vinculados y que sus elementos están siempre en interdependencia y en un sistema de coinfluencia. Organismo y entorno son indisociables. Forman un todo que es mucho más que "la suma de las partes". La respiración es un ejemplo.

Pero este guion aporta una noción adicional: la de *frontera-contacto*. La frontera es el lugar que al mismo tiempo separa y une como en geopolítica. Es el lugar de la experiencia directamente vivida, aquí y ahora, de lo emocional y de las reacciones suscitadas por la consciencia de que el otro está ahí y que su presencia nos afecta. La veo como un lugar-espacio en el cual se reactualizan a veces los mecanismos existenciales y neuróticos del paciente, a veces también los del terapeuta. El paciente es para el terapeuta su entorno, e inversamente, por estar juntos vistos como un todo, se forma un campo, el campo terapeuta-paciente. Ahí la plena consciencia es importante, ya que este espacio-frontera es donde la intensidad emocional a veces aumenta; es el lugar de observación privilegiado de sí mismo en contacto con el otro.

Es el lugar de la meditación intersubjetiva, es decir de observación de lo que ocurre en uno, en el otro, en la díada, también de observación y concientización de la reactualización de algo que ya pasó en otro lugar y otro momento.

El campo, para Lewin, es el conjunto de uno y el otro, juntos, es el "espacio de vida" en el cual se encuentran e interactúan el organismo y el entorno. Es también un campo de fuerzas que emanan de ese encuentro, que van a atraerse por el principio de resonancia, como en los campos magnéticos, pero también se cruzan, se completan, se enfrentan, entran en conflicto, se anulan, según los momentos, y crean así una dinámica.

En psicoterapia, veo el campo como espacio de vida, cocreado instante tras instante por uno y otro, a medida que se despliega en el tiempo la tercera historia. No podemos no ser parte del campo. Puede percibirse como el espacio energético, sensible, imaginario, que surgirá del encuentro entre organismo-entorno, pero que también influirá en su estar juntos. Lo visualizo a veces como el contenedor invisible de formas cambiantes, como la matriz que genera la fuerza de unión gracias a la cual se produce ese tejido de enlaces que se convertirán en una relación. Es una cocreación donde cada uno tiene corresponsabilidad. Se define por cierto número de principios que explicaré más adelante.

Recordemos el texto de Malcom Parlett, "Réflexion sur la théorie du champ" (1999), donde define el campo a partir de cinco principios: de organización e interdependencia, de contemporaneidad, de singularidad, de proceso de cambio y de relación relevante: "La teoría de campo sería un conjunto de principios, una manera de ver, un método y toda una forma de pensar que toca las interconexiones íntimas entre los eventos y el contexto o entre los eventos y las situaciones en las cuales se producen" (Parlett, 1999). Esta manera de pensar lleva a ver el todo y a identificar cómo el *ello* se organiza en la totalidad.

S. Schoch de Neuforn (1999) escribe, a propósito de las características del campo: "Las fuerzas se ejercen y agitan sobre los elementos distantes, de una manera dinámica, procesal, de modo que los elementos del campo están interconectados".

Quisiera citar también a Staemmler, quien escribió un artículo en el cual trata de aclarar qué es y qué no contiene la palabra "campo". Aquí la definición que da al referirse a Lewin: "Todo evento resulta de una multitud de factores... Una totalidad de hechos coexistentes que se conciben mutuamente como interdependientes y que llamamos el *campo*.

La psicología debe ver el espacio de vida, que incluye la persona y su entorno, como un campo único" (Staemmler, 2008). La cocreación de la relación es el evento en sí que se desarrolla en el campo pero también por el campo, ya que los elementos del campo tienen una repercusión en su naturaleza, en su intensidad.

En consecuencia, la relación podría designar el proceso de conexión que se pone en marcha entre uno y otro en su campo de vida común, que se construye durante las sesiones, pero también durante las intersesiones cuando ocurre que uno y otro piensan en el otro. Pienso sobre todo en el efecto de los tiempos de supervisión sobre el paciente, sobre el terapeuta y sobre aquello que los vincula, y algunas veces sobre ciertos miembros de la familia del paciente. La fuerza de unión proviene de los principios de interconexión, interdependencia, resonancia, de "todo tiene un significado en el momento en que sucede", de singularidad, que están activos en este campo de vida, y de la emocionalidad que surge y a veces aumenta, cuando estamos en consciencia y la atención prestada a lo que está sucediendo en la frontera entre uno y otro provoca reacciones. Es una cocreación en la cual cada uno tiene su responsabilidad. Es una creación del campo terapeuta-paciente.

La relación en la teoría de campos morfogenéticos de Sheldrake

R. Sheldrake es un biólogo inglés que introdujo el concepto de *campo morfogenético*. Aunque actualmente es muy controvertido, sus ideas me hicieron reflexionar mucho acerca de la noción de *campo*, sobre todo su concepto de información.

Sus teorías (Sheldrake, 1990) nos permiten avanzar en la comprensión de los cimientos de la relación y plantear las hipótesis sobre la naturaleza de esta fuerza de unión que puede ser vinculante entre dos o varias personas, primero de manera invisible y luego a través de manifestaciones captadas por el sentir que poco a poco se vuelven plenamente conscientes.

A través de las nociones de campo mórfico, de resonancia mórfica y de información es como vamos a plantear las hipótesis sobre los cimientos de la relación.

Sheldrake se interesa en la evolución de la vida, lo vivo, y en la génesis de las formas desde una perspectiva evolutiva y planteó la siguiente pregunta: ¿Cómo, en el mundo de los seres vivos, salimos de los hábitos repetitivos y cómo se afianza la novedad? ¿Cómo la novedad trastorna los esquemas que generan la repetición hasta crear nuevos hábitos? Aborda a su manera lo que los terapeutas Gestalt llaman *ajustes conservadores*, es decir, los escenarios de vida fijos que se convierten en repetitivos, y los ajustes creativos, aquellos que surgen de la repetición y se dirigen hacia la novedad y el cambio.

Campo mórfico, resonancia mórfica, teoría de la información

La piedra angular de su teoría es la hipótesis de campo mórfico, del griego *morphè*, que significa "forma". Esta es una definición sencilla que dio durante una entrevista: "Es un campo de información que une a los miembros de una misma comunidad entre sí, sin soporte material" (Sheldrake, 2012).

Se trate de un banco de peces o una manada de lobos, hay un campo que los conecta. Cuando estos se separan, el campo se expande como una banda elástica y continúa uniéndolos. Este campo de información sería entonces un "lugar" de conexión instantánea entre sus miembros, independientemente de la distancia que los separe. Para Sheldrake,

> cada especie, incluida la especie humana, tiene un campo [...] En el campo de una misma especie, la información se transmite por un mecanismo de resonancia mórfica, que supone un pasaje de información sin soporte material. Varios fenómenos respaldan esta hipótesis, por ejemplo, los cambios de comportamiento de una especie dispersa en varios continentes o incluso el vuelo de bandadas de pájaros en que todos cambian de dirección de forma simultánea (Sheldrake, 1990).

Luego aclara su pensamiento: "El proceso llamado *resonancia mórfica* se basa en la similitud a través del tiempo y el espacio. La resonancia mórfica no se agota con el tiempo y la distancia. *No implica una transferencia de energía sino de información*. En efecto, esta hipótesis permite comprender las regularidades de la naturaleza..." (Sheldrake, 1990, cursivas en el original).

> La hipótesis se aplica también a los seres humanos. Debe ser más fácil para los niños aprender a jugar un videojuego, simplemente porque algunos de ellos ya lo han aprendido, o para algunas personas aprender nuevos deportes, como el surf. En mi opinión, todo aprendizaje es más fácil por la resonancia mórfica con aquellos que lo han aprendido antes (Sheldrake, 1990).

Según Sheldrake, la morfogénesis se caracteriza, en el dominio genético, por programas: "Estos programas son principios de organización heredados, reflexivos y holísticos. No están compuestos de materia *per se*, sino de información. Es decir, esta información que destila la forma en las cosas, informa" (Sheldrake, 1990).

Cuerpos en presencia, receptáculos de informaciones

Siempre estamos por enviar y recibir información y, de la recibida, alguna es explícita a través del lenguaje verbal y corporal, pero mucha circula de manera invisible e inconsciente. Esto se aprecia con claridad en los grupos de terapia. Cada uno llega con sus preocupaciones del momento, su historia actual y pasada, su morfología corporal moldeada por su historia, su expresión en el rostro que refleja su estado interior: algunos elementos de lo que no se dice y lo que aún no es consciente y exuda a través de su presencia corporal, el *ello* emerge de cada quien. Lo que uno dice abre el discurso y la consciencia del otro: "Recupero lo que tú dices...", o aun "no me atrevía a hablar de esto... tú me das la oportunidad...", "lo que acabas de decir me recuerda un sueño..." Veremos también cómo la información circula incluso antes de la siguiente sesión del grupo y cómo se manifiesta de forma concreta en el ejemplo que daré más adelante.

Esta teoría de campo y resonancia morfogenética y la información que circula sin soporte material y que conecta ahí donde resuena, me parece totalmente relevante para explicar la creación de la forma de relación. En psicoterapia, sin embargo, hay un soporte material sobre el cual puede depositarse y manifestarse la información: son los cuerpos en presencia. Cuanto más abre el terapeuta sus canales sensoriales, su consciencia corporal, su capacidad de sentir, más entra en la plena consciencia de sus sentimientos frente a su paciente.

Esta apertura de consciencia desarrolla su capacidad de captar, sentir, intuir ciertas informaciones que circulan en el campo, en virtud de los principios de interdependencia y resonancia. En ciertos momentos, acompaña al paciente para que este amplíe también su campo de consciencia; existen momentos intensos en los cuales ambos están en plena consciencia de lo que sienten, en la continuidad, hasta que surja una emoción, un recuerdo, un estado interior en el paciente, pero también a veces en el terapeuta, como un eco de algo que se prepara para surgir en el paciente. Ambos entran entonces en una especie de meditación intersubjetiva donde el *ello* vendrá del fondo de uno y otro juntos, del *ello* de la situación. Podríamos emitir la hipótesis de que incluiría estas informaciones. El *ello* trabaja en esos momentos y, como ya hemos visto, puede tratar de que aparezcan las informaciones que circulan en el campo mediante todo tipo de manifestaciones: sensaciones, reacciones fisiológicas, emocionales, estados interiores, confusión, recuerdos, catarsis, visiones, estados puntuales extáticos, flujo de palabras, comprensión repentina de algo o, más tarde, sueños, actos perdidos, sincronías, *insights* y, por resonancia mórfica, reacciones o cambios en el entorno próximo. El fenómeno de intercorporalidad que será el tema del próximo capítulo está entonces muy presente, el *ello* pasa de cuerpo a cuerpo. El cuerpo del terapeuta se convierte en el receptor de ciertas informaciones que circulan de manera invisible en el campo.

Si observamos esta dinámica a través del proceso *awareness-consciousness*, podríamos decodificarlo de la siguiente manera:

- el *awareness* podría entenderse como el baño de consciencia todavía no concientizado en el cual viajan las informaciones;
- la atención prestada a la experiencia inmediata es un proceso al mismo tiempo activo y abierto, que permite al paciente y al terapeuta sentir y captar algunas de estas informaciones. Está ahí, retomando la expresión de Anza: "la energía central que nos permite acceder, a través de la autobservación, a un conocimiento más objetivo" (véase el cap. 2).
- *consciousness* y *awareness* que se convierten en la consciencia explícita de ciertos elementos de lo invisible y permiten que la experiencia vivida se exprese en palabras con sentido.

Historia de caída

Se trata de un grupo comprometido en una formación de psicoterapia de grupo desde una perspectiva de campo, del cual yo era responsable. Es el cuarto seminario de tres días. Estoy ausente de este seminario y son dos formadores de mi equipo quienes lo animan, sobre el tema del cuerpo en psicoterapia de grupo. Durante un tiempo de trabajo corporal de plena consciencia, un participante tiene una caída; cuando se levanta, tiene la impresión de haber perdido la consciencia durante un lapso muy corto, lo que llama la atención de los dos formadores. No hay daño y continúan.

Luego una segunda persona, una mujer, se cae, no se hace daño, se levanta. Ambos formadores están inquietos, paran entonces el trabajo corporal para dar tiempo a hablar sobre lo que acaba de ocurrir. El tema de la caída es central en los intercambios. Uno de los participantes expresa al grupo cómo este tema está siempre presente en su vida, desde su infancia, a veces con daños corporales, pero jamás había trabajado sobre eso, como si no tuviera relevancia. El hombre que había caído expresa que para él también es un tema importante, tanto físico como psicológico, y menciona una de sus principales caídas, importante en su existencia: lo que vivió en el nacimiento de uno de sus hijos, discapacitado. Uno de los formadores me dirá en supervisión unos días más tarde, que tiempo antes un miembro próximo de su familia había muerto en una caída al vacío. Así, la información "caída" estaba presente en el grupo.

Por los principios de interdependencia y resonancia, se propagó en el campo grupal como una onda vibratoria, depositada ahí donde resonaba con intensidad (principio de cristalización), luego se impuso como tema grupal, con la hipótesis de que si este tema llegaba en ese momento, es que los individuos y la entidad grupal estaban listos para entender que el *ello* se manifestaba de esta manera.

También destacaremos cómo la ausencia del responsable de la formación fue vivida simbólicamente como una caída por los dos formadores y sin duda también por el grupo.

Sé que la lectura de este evento, tal como acabo de contarlo, puede parecer extraña, poco creíble para la razón cartesiana. Pero no estamos en una lógica de causalidad. En una perspectiva fenomenológica, no hacemos más que observar y nombrar lo que sucede, sin interpretación y sin buscar una causa. Observamos las sincronicidades y las nombramos. Nombrarlas es poner en palabras sencillas lo que todo el mundo puede comprender, y escuchar la información que está presente en el campo grupal. Gracias a los principios de interdependencia y resonancia, los emisores de la información o de una información próxima se reconocerán a sí mismos, y muy a menudo recordarán algo que habían puesto a distancia.

Práctica para vivir y captar la noción de campo

En mis seminarios de formación, utilizo con mucha frecuencia una secuencia de meditación intersubjetiva que incluye momentos de visualización para tratar de hacer que los participantes capten, a través de la experiencia, estas nociones de campo, información y relación:

- pido a dos personas que se sienten en el centro del círculo, que se centren en sí mismas con los ojos cerrados, que se sientan como un organismo vivo, como un campo emocional, energético;
- luego, los invito a mirarse, en silencio, y a entrar en una secuencia de meditación intersubjetiva, por lo tanto, de plena consciencia uno frente al otro;
- después sugiero a las personas que están a su alrededor entrar también en un momento de meditación;

- luego llevo a estas dos personas una frente a la otra a adentrarse en su campo visual y su campo de consciencia;
- después a prestar atención al espacio entre los dos, luego a hacer entrar la globalidad en su visión: uno, el otro, el espacio entre ambos que al mismo tiempo los une y los separa;
- después de entrar en la plena consciencia de lo que ellas sienten, "ven", "entienden", es cuando enfocan su atención en el campo formado por las dos personas en el centro;
- además de visualizar, sentir, escuchar, imaginar, captar las informaciones que circulan de manera invisible entre las dos personas del centro;
- luego alrededor de estas dos personas;
- después en el espacio global del grupo;
- enseguida, sugiero a todos imaginar y visualizar que de este todo emerge algo que rodea a los participantes, los envuelve, como una atmósfera, un clima, una bruma, una luz u otra cosa;
- luego de sentir y visualizar lo que ellos perciben y reciben del campo;
- los invito a prepararse para regresar lentamente a la realidad del grupo y compartir su experiencia en grupos pequeños. Casi siempre surgen varios puntos de esta meditación-experimentación:
- después de la experiencia, se sienten en un estado de consciencia ampliado; los colores, las formas les parecen más vivos, más precisos; se sienten muy calmados y más centrados, su manera de expresarse traduce directamente su estado interior, se sienten unificados;
- la mayoría de los participantes se experimentaron como un elemento del todo y se sintieron como parte del conjunto;
- visualizaron y sintieron esta noción de campo;
- se sorprendieron de que la noción de *informaciones invisibles*, que les parecía incongruente o poco creíble, adquiere sentido por el hecho de que se dieron cuenta, en el intercambio en grupos pequeños y luego en el grupo completo, de que habían percibido y sentido "cosas" similares;
- descubren que esta forma de meditación da sustancia y densidad a lo que llamamos *relación*; su ser juntos de a dos, luego en grupo.

Los principios de organización del campo

Parlett, a quien ya he mencionado, seleccionó cinco principios para comprender esta noción de *campo*. Personalmente, luego de haber descubierto la teoría de los campos morfogenéticos de Sheldrake y después de haber observado los fenómenos de campo en mis formaciones de terapia de grupo (algo que podría ser el tema de mi próximo libro), veo actualmente 10, que son una síntesis de lo que dice Parlett, de ciertos puntos de la teoría de la información de Sheldrake y de mis propias reflexiones:

- *principio de organización*, que da una orientación y una estructuración a lo que sucederá;
- esta organización se realizará según un *principio de intencionalidad* basado en la necesidad de autorregulación cuando hay un desequilibrio, y en la necesidad de crecimiento, pero también en la singularidad del contexto (la terapia, que da una orientación al proceso);
- dos o varias personas que se encuentran *forman un campo de fuerzas* que pueden atraerse y rechazarse, creando así una dinámica y efectos en lo real;
- los grupos, las instituciones, el mundo opera sobre los *principios de interdependencia, de coinfluencia, de resonancia, de sincronicidad*;
- *principio de corresponsabilidad*, en el que cada uno es corresponsable de lo que está sucediendo. Ejemplo: cuando el paciente "resiste", para retomar un término muy utilizado, el terapeuta puede preguntarse cómo hizo para provocar esta reacción y observar eso con el paciente;
- *principio de circulación de informaciones*; aquí el espacio relacional, grupal, social, se pone en movimiento a partir de cierta cantidad de informaciones emitidas por los elementos que componen el campo, informaciones que circulan de manera no visible y que pueden encontrarse a partir de los principios de resonancia y de interdependencia y así crear eventos en lo real;
- *principio de cristalización*, en el cual las informaciones circulan en el campo y presentan ciertas similitudes y resonarán, se atraerán se cristalizarán y se harán visibles sobre un elemento del campo, el que esté en resonancia con lo que circula;
- *principio de relación relevante y de contemporaneidad* ("todo tiene sentido en el momento que sucede"), según K. Lewin;
- habría una *fuerza que preside* la organización de todo esto, una inteligencia de la vida. En Gestalt lo llamamos el *self*, considerado como la fuerza creadora y el agente integrador en las interacciones entre nosotros y nuestros entornos,
- el todo es más que la suma de las partes.

La consciencia en su modalidad *awareness*, como entorno sin límites en el cual nos sumergimos (Welwood, 2003), sería el espacio donde las informaciones circulan. La atención prestada al ser-juntos en el campo terapeuta-paciente formará una matriz para reducir el campo ilimitado en el cual circulan las informaciones para crear un campo específico y limitado. El hecho de llevar la atención a la experiencia inmediata, vivida en este campo específico, permitiría a uno y otro sentir, captar, vivir las manifestaciones provocadas en el organismo por esta circulación de informaciones y por la afectación que provocan en la carne de la relación (véanse Merleau-Ponty, 1945, Staemmler, 2008, y el cap. 11 más adelante), hasta poder nombrar lo que es revelado por el hecho de estar en la consciencia de… por la apertura de la inteligencia encarnada en la experiencia vivida. Así, *awareness* y *consciousness* serían dos modalidades diferentes de la consciencia, que se completan, entran en sinergia y se informan mutuamente.

El hecho de estar en consciencia es fundamental para comprender el campo, para captar las informaciones invisibles que lo componen, para aprender su dinámica y su organización a partir de los principios enunciados antes, y para entender que emerge de él una gran fuerza vinculante.

La postura terapéutica consiste en permitir a este campo organizarse, modificarse sin cesar y crear así lo que necesita para su crecimiento, por los individuos que lo componen y quizá también para aquellos campos a los cuales está conectado. Para hacer esto, el terapeuta debe desarrollar al menos cinco cualidades o competencias que están en sí mismas en interdependencia y que se potencializan: espacio, silencio, postura de no hacer, confianza y fe en el proceso:

- *espacio:* como en física cuántica, es en el vacío donde las informaciones se desplazan y se encuentran, así originan movimientos de vida y de creación;
- *silencio:* solo en el silencio la consciencia puede ampliarse, encontrar su expansión y darnos acceso a ciertos elementos de nuestro universo interior, así como a ciertos elementos presentes en lo invisible del campo. Solo en el silencio del organismo pueden surgir las formas necesarias para su liberación y su expansión;
- *postura de no hacer:* es necesario que el terapeuta sea poco intervencionista, o que no lo sea para nada, durante ciertos momentos del proceso, que esté en la actitud que consiste en no provocar nada, ni impedir, y que sepa utilizar el silencio como aliado terapéutico. El terapeuta está entonces en un estado de consciencia abierto, ampliado, muy presente, no interviniendo para nada sobre los contenidos, sino solo a partir de lo que ve y siente, sin interpretación ni juicio, como si él estuviera en

una especie de contemplación y de beatitud comprometida frente a lo que ocurre;
- *confianza en el proceso:* esto supone que ha desarrollado un sentimiento de seguridad interior sólido para permanecer sereno y con confianza frente a lo desconocido y frente a lo que va a ocurrir, que es siempre imprevisible;
- *fe en el proceso:* creer en la inteligencia de lo que se desencadena por estar en consciencia y por la consciencia.

Para ilustrar el concepto de *campo*, tengo un ejemplo que se originó en una vivencia en un grupo, porque los fenómenos de campo son más visibles ahí. Pero quiero reiterar que, en el conjunto de este libro, estamos en una postura de psicología de dos personas, en la cual el concepto de contacto es central y se activa al estar juntos y en la manera en que se organiza el campo terapéutico.

Me gustaría terminar con nuestros colegas de Quebec ya mencionados, quienes ubican en primer plano la importancia de la plena consciencia en la relación:

> Concebimos la plena consciencia como una práctica en sí, pero también como un medio para relacionarnos que se actualiza en el campo relacional de asuntos fundamentales relacionados con las dificultades de una persona singular. Estos asuntos tienen efectos en la implementación de la plena consciencia como herramienta de consciencia *(awareness)*, pero igualmente sobre las actitudes de transferencia y contratransferencia estimuladas en el campo terapéutico (Devault y Pérodeau, 2018).

Profundizaremos acerca de este punto en el capítulo 8.

Agregan: "La terapia relacional que ofrecemos es en sí un proceso de plena consciencia" (Devault y Pérodeau, 2018). Primero para el terapeuta, luego para el terapeuta y el paciente. Los dos capítulos que siguen, con las nociones de momento sensible e intercorporalidad, son una ilustración del interés de la plena consciencia del terapeuta en el proceso de coconstrucción de la relación.

En cuanto a la cuestión de campo, nos invitan a revisar varios conceptos, como los de *transferencia* y *contratransferencia*. Schoch de Neuforn (1999) escribe: "Con referencia al psicoanálisis, podríamos por ejemplo comenzar a describir la transferencia-contratransferencia en términos de campo". Esta idea se expone en el capítulo 9. Ella invita también, como lo hago yo, a ver la identificación proyectiva como fenómeno de campo. Este concepto nos lleva a revisar nuestra concepción de la relación y a tratar de enriquecer la psicoterapia "si aceptamos abrirnos a otros campos desde una perspectiva transdisciplinaria" (Schoch de Neuforn, 1999).

La plena consciencia utilizada en psicoterapia abre nuevos temas y conduce a la expansión de las teorías.

Capítulo 7
Momento sensible y coafectación

Después de haber planteado la hipótesis sobre los fundamentos del proceso relacional en la perspectiva de campo organismo-entorno, continuamos nuestra exploración acerca de las formas posibles de la relación entre paciente y terapeuta, a través de las nociones de momento sensible o desequilibrio creador en la frontera-contacto.

El terapeuta atrapado por el contenido

El psicoterapeuta escucha al paciente, busca comprender quién es este hombre, esta mujer, esta pareja, este niño que está frente a él. Hace preguntas, realiza conexiones en su mente, las comparte en voz alta, formula hipótesis, está interesado en su historia, interviene de forma coherente con sus referencias teórico-clínicas, sus conocimientos, sus experiencias, su intuición, la elaboración que pudo hacer con su supervisor. Hay en su *estar-ahí* un aspecto mental y cognitivo. Al mismo tiempo, es un ser humano sensible, afectado por la situación, por la persona que se confía a él y por su sufrimiento. El contenido tiene un lugar importante en el desarrollo del proceso terapéutico, es el relato que el paciente nos hace de su historia, de su sufrimiento, de su angustia. Es una ficción que se cuenta a partir de eventos reales. Las representaciones que hace, muchas veces son ampliadas o distorsionadas por la emoción vinculada a las situaciones sobre las que informa, por el hecho de llevarlas a su terapeuta y por el mecanismo de proyección. Es su propio intento de darse cuenta de su experiencia y conectarse con él.

Esta ficción toma con frecuencia mucho espacio para los psicoterapeutas. Como supervisor, observo hasta qué punto están atrapados por el contenido, empantanados en la historia, al punto a veces de perder la capacidad de entrar en una posición "meta" que les permitiría retroceder, entrar en la consciencia de su experiencia y ser clarividentes sobre lo que llamo el *proceso*.

El proceso es lo que pasa entre ellos, al mismo tiempo que uno habla y el otro escucha. Es lo que, de la historia del paciente, se reactualiza en la relación con el terapeuta, sin que lo espere. Es el movimiento que los conecta y que se supone orienta lo que sucede para cambiar. El proceso se descubre a partir del cómo y de las siguientes preguntas:

- ¿qué está pasando entre nosotros dos?
- ¿cómo ocurre esto?
- ¿cómo hacemos juntos el vínculo que trata de crear una relación?
- si uno u otro siente distancia, ¿cómo se crea la distancia que nos separa?
- ¿cuál es el lugar de los afectos entre nosotros dos, inducidos por el relato o por el hecho de que somos dos seres humanos en presencia?
- ¿qué es lo que caracteriza nuestra historia?
- si yo, terapeuta, representara alguien de tu familia, ¿quién sería?

El proceso es la manera en que vamos a tejer la cocreación del vínculo, cómo vamos a avanzar, a veces a retroceder o estancarnos juntos. También las formas de ser o de hacer emergen, primero de manera no consciente entre el terapeuta y el paciente. Es el terapeuta quien debe permanecer alerta sobre lo que ocurre, poderse poner a una distancia correcta para mantener su capacidad de discernimiento.

El trabajo de narrativa que hace el paciente es indispensable porque es a través de la experiencia de contar su historia a otro, para el paciente, y de escucharla, para el terapeuta, como se desarrolla el proceso. Pero quisiera invitar al lector a volver a ubicarlo. A lo largo de este capítulo, abordo las cuestiones siguientes:

- ¿cuándo y cómo dejar el contenido de lado y centrarnos en la experiencia vivida aquí y ahora por uno y por otro?
- ¿cuándo introducir, a partir de reacciones provocadas por el contenido, lo que llamo la *postura meditativa* y una secuencia de meditación intersubjetiva, es decir, detenerse sobre la consciencia de lo que está sucediendo, hasta llegar a la plena consciencia de lo que es?

Mis observaciones clínicas me permiten plantear la hipótesis de que la problemática que busca expresarse a través de los contenidos va a continuar trabajándose mediante la postura meditativa que permite cambiar de nivel.

Lo que se habrá puesto a trabajar a partir de los contenidos, a partir de las referencias teórico-clínicas del terapeuta y de sus técnicas, va a continuarse mediante el proceso de consciencia que permite cambiar de nivel.

El momento sensible que presentaré ahora es un conjunto de indicios en los cuales el terapeuta puede confiar para dejar de lado la historia y apoyar la experiencia interior que ambos tienen al mismo tiempo que el paciente relata, para que el continuum de la consciencia de la experiencia vivida en relación tome el control en el proceso terapéutico.

El momento sensible

Cambio de tono entre el paciente y el terapeuta

Eva Golder, autora de *Au seuil de l'inconscient, Le premier entretien* (2006), aborda en su libro ese momento particular durante la primera entrevista donde ocurre ese "algo" que hace que el paciente regrese y que el proceso se ponga en marcha. Es lo que ella llama *el momento sensible*. Lo define como el momento preciso durante el cual "la transferencia se anuda en el habla". Es posterior a un estudio que realizó para tratar de comprender si hay una estructura que se establece durante la primera entrevista. Escribe:

> Un elemento preciso hizo posible identificar más de cerca la estructuración de la primera consulta: en efecto, tras un trabajo de reflexión se revela regularmente la interacción entre cierto tipo de intervenciones de parte del terapeuta y un cambio de tono en el discurso del paciente [...] El momento sensible como concepto se refiere a la fragilidad de este punto de cambio, cuando se separan definitivamente todas las prácticas de entrevista por la utilización de fenómenos que luego aparecen (Golder, 2006).

El desequilibrio consciente que vincula

Esta expresión del momento sensible viene a mí de forma repetitiva durante las sesiones que ya no son la primera entrevista, o están ya lejos de serlo. Lo utilizo voluntariamente para designar esos momentos particulares que aparecen a lo largo del proceso terapéutico y en los cuales *lo sensible* está alerta y pone el condimento, estimula lo inesperado, el desequilibrio, la confusión u otras reacciones en el proceso relacional. Trataré de explicar mejor la naturaleza de estos momentos sensibles porque me parecen clave en la elaboración del proceso relacional y son indicadores de momentos en los que el terapeuta puede dejar de lado el contenido y sostener el *continuum* de consciencia.

Se podría considerar que el proceso terapéutico con su historia es una sucesión de momentos sensibles y de momentos más neutros. La palabra "sensible" se refiere a los sentidos y su despertar por la presencia del otro, a lo que el otro puede percibir por uno y por el otro, a la consciencia que tenemos y que permite llegar a la palabra, ponerle palabras que harán un enlace entre los dos: "Yo siento, estoy consciente de, te lo digo... Y esto existe por tu presencia".

La palabra "sensible" podría tener como sinónimo: frágil, delicado, en el límite de algo —quizá doloroso o en el límite de algo implícito en busca de explicación—, en la franja entre lo consciente y lo inconsciente. En terapia Gestalt, estos momentos serían más específicos cuando llegamos a una zona de incomodidad, en especial cuando la novedad se presenta y hay un pasaje posible de una secuencia a otra en el ciclo de contacto (véase el capítulo 2). Luego se despierta, en intensidad o tensión, el *ello* causa afecto, reacción. Esto corresponde a la visión que Perls tenía de la terapia: hacer pasar, en un contexto seguro y asegurador, lo que ya está ahí con intensidad baja a una intensidad alta. Se trata de "*ello* me toca, *ello* me hace algo", en respuesta a una palabra del otro, indica una reacción interior, tal vez una perturbación: al menos implícitamente, el *ello* se vincula con el otro. Al mismo tiempo, estos momentos sensibles participan en la construcción de la relación y se ponen en movimiento por su cocreación. Son movimiento ahí donde había fijeza o riesgo de fijeza, y provocan sorpresa, lo inesperado, desequilibrio. Son la manifestación, a través de los cuerpos y los afectos, de que hay un cambio de nivel en la relación, y uno u otro son tocados por ese cambio de nivel. En esta lógica, consideramos dichas manifestaciones como fenómenos de campo.

Samuel: Un paciente y un psicoterapeuta se sorprenden mutuamente

En ese momento de la entrevista percibo el rostro de Samuel como duro y cerrado, lo veo ligeramente de perfil e imagino que una gran violencia habita en él. Samuel expresa en esta sesión, como en las anteriores, su insatisfacción: hacia su compañera con quien está en crisis, hacia sus numerosos terapeutas y sus numerosas terapias que, finalmente, dice él, no cambiaron nada en su vida. Su mirada me evoca la penetrante mirada del águila lista para ir por su presa y devorarla.

Terapeuta: Permítase sentir lo que está viviendo en usted en este momento... (silencio). Si usted fuera un animal en este momento (se apoya en la imagen para hacer una intervención), ¿qué sería?

Paciente: (silencio) Un leopardo... (silencio).

El terapeuta está sorprendido, no se esperaba esto, ya que tenía todavía la imagen del águila.

T: Un leopardo... ¿qué le evoca ese animal?

P: (silencio) No comprendo su pregunta...

Segunda sorpresa del terapeuta, quien se siente avergonzado.

T: Si no entiende mi pregunta, es sin duda porque la plantee mal, o porque no es la correcta.

El terapeuta observa su sorpresa y ve en su rostro que su intervención lo toca y le hace vivir alguna cosa en particular en ese momento.

T: ¿Qué es lo que ocurre en este momento?

P: Tengo la impresión de que está decepcionado porque no comprendí la pregunta... (silencio) Me molesta decepcionarlo porque no comprendí la pregunta... (silencio) Es una hermosa proyección de mi parte (silencio).

T: Una hermosa proyección de su parte... (silencio).

P: Soy yo el que estoy decepcionado...

T: Déjese sentir esa decepción... (largo silencio). Eso lo deja silencioso... (largo silencio). Soy sensible al hombre decepcionado que es usted en este momento... y que me ha hablado mucho de sus insatisfacciones en las últimas sesiones...

P: Sí... (largo silencio).

T: Observo que mi intervención a propósito de mi pregunta que usted no comprendió lo pone en desequilibrio y le permite hablarme ahora del hombre decepcionado que es en este momento... (silencio).

P: Sí... es cierto, me siento muy decepcionado...

Parece muy afectado. El tono de la sesión cambió completamente, está en la plena consciencia de su emoción, y me siento híperpresente, con los ojos húmedos, emocionado por este hombre que se adentra profundamente en él en mí presencia. La imagen de su padre viene a mí; en referencia a lo que él me había contado en la sesión anterior, le digo:

T: La semana pasada habló acerca de su padre que lo abandonó en la plataforma de la estación cuando era un niño y tenía que regresar al internado... Quizá estaba decepcionado de que lo dejara ahí...

Comienza a hablar de este trasfondo de decepción que se despierta muchas veces cuando se encuentra frente a una contrariedad y que lo lleva siempre a buscar otra cosa u otra persona, esperando esta vez no sentirse decepcionado.

Así nosotros vivimos un momento de desequilibrio, cada uno de su lado: yo me esperaba una respuesta y él me dio otra. Mi sorpresa viene también del hecho de que él me desenmascaró con mi decepción en relación con el hecho de que mi imagen no correspondía con la suya. Esta situación hizo surgir en primer plano un tema nuevo, el del hombre decepcionado. Así es como se lo digo. Esta expresión toca más que la palabra "decepción" que pude haber utilizado. Trabajamos sobre este tema durante varias sesiones, hasta ver cómo pude estar para él —en sus representaciones y también en sus representaciones de la realidad: la del terapeuta decepcionante.

¿Cómo se manifiesta el momento sensible?

¿Qué caracteriza el momento sensible en el proceso terapéutico?

- el terapeuta observa un cambio de tono, de ambiente, de energía entre él y el paciente;
- identifica una discrepancia entre el contenido, las manifestaciones corporales del paciente y su propia experiencia interior;
- el *ello* de la situación, que es una cocreación del encuentro entre los elementos del *ello* del paciente y el del terapeuta, se moviliza activamente, busca resaltar un elemento significativo que permanece en la indiferenciación;
- lo que ocurre en ese momento coloca lo inesperado en el campo;
- lo inesperado provoca un desequilibrio, una apertura;
- hay ahora fragilidad en el campo terapeuta-paciente;
- de esta apertura del fondo surge una figura que hasta entonces no podía hacer un camino hasta la superficie y hasta la consciencia.

Esta figura llega a surgir porque ambos, terapeuta y paciente, se encontraron con la pérdida de cierto control: lo que sucede en general según los códigos implícitos entre uno y otro, y que mantiene a veces un estado de confluencia,[1] cede momentáneamente; aparece entonces una nueva respuesta en el campo cocreado por uno y otro en estado de desequilibrio mutuo.

[1] *Confluencia* es un término utilizado por los terapeutas Gestalt para indicar una gran proximidad, que puede crear una especie de indiferenciación o de confusión entre uno y otro, puede imposibilitar el contacto y desvitalizar el proceso terapéutico. Este término también designa el hecho de que a veces el terapeuta y el paciente están atrapados en cierto modo de funcionamiento, del cual son cómplices sin ser conscientes, lo que conduce a una pérdida de energía, aburrimiento y a veces a un final prematuro de la terapia.

Así, del campo terapeuta-paciente surge una forma que nace de la conexión entre uno y otro. Esta interconexión se produce primero en lo invisible, luego genera afecto, quizá incluso un afecto común, y la atención llevada a lo que sucede aquí y ahora permite poner, a través del lenguaje, las palabras que hacen explícita la consciencia inmediata implícita del campo. Así pasamos del *awareness* al *consciousness*.

Estos momentos son fundadores debido al establecimiento del lugar, también por el nacimiento y el desarrollo de la relación, por su mantenimiento, su desenvolvimiento, su gestión, su evolución y porque su función sanadora está puesta en marcha.

Golder (2006) define así el momento sensible desde un punto de vista psicoanalítico: "Es el momento en que la transferencia se anuda en la palabra". Desde el punto de vista del campo organismo-entorno, podríamos modificar su proposición y formularla así: "Es el momento en que los dos socios, terapeuta-paciente, se ven afectados uno por el otro, tomados por sorpresa, en desequilibrio y vulnerabilidad, están en una experiencia particular, y están plenamente conscientes y emiten gracias a esto una palabra vinculante". Están en un momento de coafectación, tema que traté extensamente en el último capítulo de *La troisième histoire* (2006). El hecho de estar en la plena consciencia de la experiencia sensible común podría verse como un momento de contacto pleno en el sentido gestaltista del término. El discurso que viene de la coafectación será entonces un discurso que anuda el enlace en el campo transferencia-contratransferencia.

Momento sensible y afectación mutua en la frontera-contacto

El momento sensible, manifestación del campo informado-informativo

Tomo la palabra "afectar" en su sentido común de sentimiento provocado por alguna cosa que pasa fuera de nosotros, o por la presencia de una persona cercana a nosotros física o emocionalmente. Esta palabra indica lo que nos toca interiormente, lo que modifica nuestra experiencia y nuestro estado general, lo que nos hace reaccionar.

En el campo terapeuta-paciente, nos afectamos uno al otro por la presencia, las palabras, los contenidos, las posturas, el lenguaje corporal del otro, las representaciones que nos hacemos, las proyecciones, los silencios... Podemos también vernos afectados por una reacción psicológica interna de nuestro organismo.

Si nos referimos a la teoría de Sheldrake presentada antes, podríamos decir que el campo constituido por el encuentro terapeuta-paciente es un campo:

- *informado*, es un campo receptor, recibe la información que circula en el campo y que es parte del *ya-ahí-aún-no-concientizado*, listo a manifestarse en la realidad;
- *informativo*, el *ello* busca enviar las informaciones recibidas ahí donde el *ello* resuena, esto se hace de manera invisible. Recordemos que el *ello* no es solo una entidad individual, es también el *ello* de la situación, cocreado por el encuentro entre uno y otro;
- *emisor de manifestaciones en lo real*, con estas informaciones se esperan la concientización y la revelación.

Planteamos la hipótesis de que de este campo informado-informativo emergen los momentos sensibles a través de la circulación de informaciones; estos momentos sensibles se manifiestan en y por los cuerpos en presencia y es gracias a la capacidad de adentrarse en la plena consciencia de la experiencia vivida como nosotros tenemos consciencia.

Me parece importante llamar la atención del lector una vez más sobre el hecho de que, en el contexto terapéutico, el cuerpo es el único soporte existente para que estas informaciones puedan depositarse y manifestarse. El *ello* puede suscitar sensaciones, movimientos físicos, reacciones fisiológicas, emociones, estados interiores en uno y en otro. Es lo que llamo la *afectación mutua* o *coafectación*, que considero como un evento de frontera-contacto, el *ello* llega a la frontera entre los dos y hace contacto, como en la electricidad cuando dos cables se tocan.

Victoria: La paciente y el terapeuta afectados y vinculados por la información

Esta secuencia clínica ilustrará la combinación del momento sensible, la coafectación y el trabajo en la frontera.

Durante un seminario sobre el tema de las perturbaciones del vínculo, dictado por dos terapeutas en tercer año de formación, este se abordó a partir de la cuestión del narcisismo, el mito de Narciso. Luego de poner a la audiencia en un estado de consciencia ligeramente ampliado mediante prácticas de plena consciencia, leo el mito de Narciso tal como lo publicó Graves (1955), seguido de un silencio para que sientan cómo los toca el mito. Luego llega un tiempo para compartir la experiencia vivida. Esto evoca el nacimiento de Narciso, nacido de la "violación" de una ninfa por un río. Más que la "violación", en el niño aparece la violencia por no nacer del deseo de un hombre y una mujer, la violencia de la ausencia de filiación, la ausencia de padre, de madre, de historia.

Este tema de la filiación toca profundamente a Victoria, quien primero no dice nada, pero cuyo cuerpo veo inquieto. Tengo la impresión de que el *ello* se agita con fuerza en ella. Luego hace la siguiente pregunta: "¿Es realmente necesario ir a buscar tan lejos?, ¿por qué no contentarse con la historia actual?" Siento que su pregunta está muy cargada emocionalmente y, al mismo tiempo, me invade un sentimiento de incomprensión que me toca muy adentro en mi cuerpo. Ella vuelve a expresar la misma pregunta; estoy aún más conmovido y perturbado por el sentimiento que no comprendo, me siento indefenso e impotente. Después tengo el sentimiento de que ella toma el mito al pie de la letra y que ella está imposibilitada de verlo como una metáfora posible que le permite poner un poco de elaboración en los modos de funcionamiento. Se lo digo. Esto no parece abrir nada. Y me siento aún más afectado: tengo una sensación en el centro de mi cuerpo, como si hubiera un hueco en su historia y en su imaginación. Siento muy fuerte este hueco en mi vientre. Y no hay nada más que esto que es, no puedo más que estar con el *ello*. Soy plenamente consciente de todo frente a ella. Luego retoma la palabra, una palabra que me parece confusa y creo comprender por sus palabras que no conoce a sus padres. Le pido que sea más explícita. Escucho entonces que fue adoptada cuando era pequeña, que no sabía quién era su padre, que ella encontró a su madre biológica hace dos años y que solo fue "educada" con ella, sus progenitores hablan un idioma diferente al francés, que es el idioma de sus padres adoptivos. Comienzo en ese momento a comprender esta secuencia, puedo empezar a darle sentido a la sucesión de mis sentimientos hasta la apertura de su discurso a propósito de sus orígenes.

Podemos entonces hablar de "hueco" en mi experiencia con ella y en su historia, en la filiación y en su imaginación, de la negación frente a su historia y los cortes en su vida. El *ello* pasa en la entrevista entre dos, luego entre nosotros, más tarde en lo social-grupal, y después descubrimos que a través de esta secuencia entre ella y yo, el *ello* trabaja para el grupo —como si hubiera un *ello* grupal— y diferente según los individuos, como si nuestra afectación mutua fuera un fenómeno de campo, provocado por los principios de resonancia y de coinfluencia por la evolución de cada uno y de la comunidad.

El momento sensible es el comienzo de un cambio de nivel, significa que pasamos de lo psicológico —de lo que hablamos e intercambiamos a través de los contenidos— a lo energético, a partir del hecho de estar en consciencia y de dejar que el proceso se desarrolle más allá de las palabras. Es la señal de que estamos en el umbral de algo, pero no se sabe de qué: el siguiente paso en el camino se descubre a medida que se realiza. Llega un momento en que el contenido puede volverse un obstáculo para el proceso, en tanto movimiento de vida que se orienta hacia la evolución del individuo en su relación con el mundo. Las técnicas también pueden a veces convertirse en un freno.

Terapeuta, cuando sientas este cambio de nivel, abandónate a él, deja de lado tus conocimientos, tus certezas, adéntrate en esta postura de "no saber más" (Blaize, 2001), déjate llevar por la postura meditativa y apoya el desarrollo de la experiencia interior del paciente y tu propia experiencia ligada con la suya. Ten confianza, la problemática expresada en los contenidos se trabajará en y por la energía que surge de estar en consciencia juntos. Entonces ustedes entran en una consciencia común, que yo veo como una especie de matriz envolvente en la cual, y gracias a la cual, la problemática que busca expresarse a través de los contenidos se trabajará de forma espontánea. Nos adentramos en un proceso energético que deja su lugar a la autorregulación organísmica y a la espontaneidad creadora que brota de esta consciencia común.

Capítulo 8
Campo transferencial: Cotransferencia y *cotransfaisance*

La relación terapeuta-paciente vista desde una perspectiva de campo, con el fenómeno de coafectación, nos lleva a repensar la clásica cuestión de transferencia y contratransferencia que nos llega del psicoanálisis. ¿Sigue siendo justo disociar ambos fenómenos cuando la relación se percibe como un campo unitario?

Vamos a comenzar por una situación clínica. Luego nos plantearemos la idea de un campo transferencial, en el cual el *ello* funciona según el principio de resonancia, de información, de circularidad, compuesto de afectos conscientes y no conscientes de uno y otro que se encuentran y participan cocreando el vínculo. Después propondremos los términos cotransferencia y *cotransfaisance*[1] para dar cuenta de los fenómenos complejos que intervienen en la cocreación de la relación.

"¡Usted se robó mi frase!"

Jane vive en un país europeo desde hace treinta años. Dejó su ciudad natal, que es la ciudad donde vivo, cuando tenía 24 años. Trabaja en el sector psicosocial y realizó sus estudios, formación y terapias, en el idioma de este otro país. Hoy siente la necesidad de continuar su proceso psicoterapéutico en su lengua materna y en su ciudad de origen. Durante la primera entrevista, me dice hasta qué punto está impresionada: desde la ventana de mi oficina, ella ve justo enfrente el inmueble y el apartamento en el cual pasó una parte de

[1] *Cotransfaisance* es una palabra creada por el autor; *faisance* viene del francés *faire*, "hacer" o "realizar" [N. del T.].

su infancia. Viene aquí de vez en cuando porque conserva el apartamento de sus padres, y establecemos un marco de trabajo en el cual la recibo en cada una de sus visitas a la ciudad, hasta tres veces, una sesión de hora y media por día. Su madre es francesa, originaria de la misma región de Francia que yo, y su padre es judío, del centro de Europa, aprendió francés y estudió en Francia en la década de 1930.

Me siento muy conmovido por esta mujer que me dice que ella quiere hacer terapia en francés y conmigo porque trabajo "frente a su infancia". Conmovido por el hecho de que está a caballo entre varias culturas, varios idiomas. Hasta ahí, cada una de nuestras series de encuentros se realizaron después de mis estadías en América Latina, donde me confronté yo mismo a la cuestión de vivir, hablar y trabajar en otro idioma (con o sin intérprete) y en otra cultura. Al principio, me sorprendo por lo que puede haber de similar y al mismo tiempo muy diferente entre ella y yo. Este lunes, ella comienza por la cuestión de los idiomas, la traducción, la interpretación, la pérdida, incluso la traición, por el hecho de que a veces hay fallas en la traducción, también porque ella no siempre puede darle los matices y sutilezas a sus frases y por el distanciamiento inducido desde que hablamos de uno mismo en otro idioma.

Ella evoca la diferencia y el sufrimiento de lo que nunca será transmitido (no tiene hijos). Había evocado, en el transcurso de la sesión anterior, que el hecho de haber contado su historia en el curso de su terapia en otro idioma la había llevado a contar una historia lejana, como si no se tratara realmente de ella, sin estar en realidad comprometida emocionalmente. Luego evoca esta frase de su padre, en el andén de la estación, el día que partió a su país de adopción, esta vez para casarse: "pensé que estos cambios de idioma habían terminado". Ella lo había sentido como un reproche. Escucho su voz, el tono, los contenidos, el ritmo rápido de sus palabras. La miro, veo su cuerpo, su postura, sus movimientos, las expresiones de su rostro. Percibo una emoción de fondo que aparece en la voz común como una ola que se aproxima, se aleja, se acerca y que ella trata sutilmente de controlar. La emoción está ahí en el hilo de la musicalidad de su voz y de sus palabras, dando una atmósfera un poco amortiguada. Siento mis ojos húmedos. Me veo antes, yo en el extranjero, en el otro lado del mundo, mientras trato de hablar otro idioma, voy a hacer mis compras, tomo el metro como una persona del país, superviso los ideogramas que indican las estaciones como lo hacen las personas de los barrios desfavorecidos que no saben leer. En ese momento me siento con una sensibilidad profunda compuesta de emoción y miedo, coloreada por el miedo de no comprender bien y de no ser bien comprendido, como cuando trabajo en América Latina.

Me doy cuenta de que estoy hiperpresente, los sentidos despiertos, conectado a ella por nuestras dos nacionalidades de fondo que entran en resonancia, dejando hacer, sin intervenir, confiando...

Luego ella reacciona respecto al ritmo de esta sesión, demasiado lenta para ella. En efecto, dejo que el proceso se despliegue; estoy ahí completamente comprometido con la situación, atento a ella, a mí, a nosotros... en silencio, dejándome llevar, aunque completamente comprometido.

Entonces me siento como si tuviera los brazos largos y abiertos en forma de círculo como para rodear y contener lo que le ocurre a ella y entre los dos. Me dice lo difícil que es para ella percibir mi lentitud, es insoportable. "Pasemos rápidamente a otra cosa", me dice; el otro espera que el *ello* vaya más rápido. Un recuerdo viene hasta ella: asistió a una escuela donde su mamá era maestra. La madre y la hija tenían la costumbre de ir a comer a casa a pie y regresar a la escuela después, casi siempre en el último minuto. La mamá caminaba rápido y la pequeña no podía seguirla; ella sentía un gran pánico con la idea de que su madre podría desaparecer y que ella jamás la podría alcanzar. Había que ir rápido, es lo que su madre esperaba.

La escucho diciéndome todo eso y me escucho diciéndole: "Yo no espero nada de usted". Esta frase se me escapó, como una evidencia que viene de lejos y que me sorprende; la percibo como violenta, estoy incómodo, como si hubiera cometido un error. Su respuesta: "Es una frase de doble filo... Podría comprenderla como la frase de un terapeuta que le dice a su paciente que no hay proyecto en él o para él... Es otra cosa... 'Usted se robó mi frase'". Luego los recuerdos regresan, las atmósferas, esos largos momentos de su infancia y de su adolescencia en los que se encontraba sola en la casa, después de la escuela y hasta el regreso de sus padres en la noche. Ella había evocado eso durante la sesión anterior, pero esta vez la emotividad es muy diferente: Jane está completamente involucrada en los rastros de esa época. Mi frase de "doble filo" que ocurrió a pesar mío, a pesar nuestro, podría decir luego, la regresó a la actitud inconsciente que había estado en su lugar desde entonces, en el cual estaba encerrada sin saberlo y que ella había traducido así: "yo no espero nada de mis padres", actitud que no le permitía comprender el sentido de la frase de su padre en el andén de la estación, "hubiera querido que los problemas de idioma se hubieran detenido".

Durante toda esta sesión y después de mi frase, me siento aturdido, sin energía, incapaz de reaccionar, completamente abrumado por estas sensaciones, sin comprender lo que me ocurre. No puedo más que constatar mi estado, estar con eso es muy fuerte. Así que escojo compartir el *ello* con ella. Ella no se sorprende, este "cae por su propio peso" para ella: ella toma, visualiza, siente a sus padres, en el andén de la estación, "aturdidos", "silenciosos", "confundidos" por su actitud no consciente: "Yo no espero nada de ti... me voy a vivir mi vida en otro lugar... mañana me casaré con un hombre que no habla su idioma... Pero, aun así, te soy fiel, padre, porque yo, igual que tú, dejo mi país de origen y hablaré otro idioma". Entonces ella comprende que estaba atrapada en esta percepción única y limitante. Ahora puede comenzar a tener una nueva mirada sobre la situación, de ella y de sus padres. Comprende entonces que la frase de su padre buscaba traducir el dolor del exiliado que desea que se detenga el proceso de exilio, su dolor frente al hecho de que su única hija reprodujera la situación de exilio.

Este cuadro clínico, como muchas secuencias del mismo tipo en mi práctica, me llevan a una reflexión acerca del campo transferencial y del proceso de vinculación que se manifiesta en los movimientos afectivos que circulan entre uno y otro.

Percibirlo y sentirlo en consciencia y en relación desencadena un fenómeno de circulación de afectos, de intercorporalidad (véase el capítulo siguiente), de informaciones, de resonancia e intercambios, algunos explícitos, otros no visibles, entre el paciente y el terapeuta. Algunos de estos elementos, atraídos por la resonancia, buscan manifestarse. Para eso necesitan un soporte, una materia que los atraiga y reciba, es la materia corporal del terapeuta. Algo del paciente pasa en el entre-dos, alrededor, e influye en el mundo interno del terapeuta. Esto está en primer plano para ser el lugar y el objeto del desplazamiento de las proyecciones primarias y de las informaciones depositadas en el espacio terapéutico que son parte del campo (véanse en el capítulo 6 las nociones de *campo* e *información*). No son solo los afectos concernientes a uno u otro de personas significativas de la historia pasada que se envían fuera del paciente, hacia el terapeuta y alrededor de ellos, son también las atmosferas, las tensiones físicas y psíquicas internas, los no-dichos, los ambientes vinculados a estas sensaciones, las impresiones, los microcampos introyectados, retomando la expresión de nuestros colegas que se interesan en la psicoterapia gestaltista de relaciones del objeto (PGRO).[2] El *ello* de la situación está en movimiento, tiene repercusiones sobre el ambiente terapéutico, el *ello* se percibe, se siente, se resiente, se escucha, se ve, deja un regusto en la boca, un olor. Percibir y sentir se movilizan más allá de su agudeza habitual y se amplifican; el *ello* repercute en el psiquismo y la fisiología del terapeuta, en su estado interior, en su imaginación, su pensamiento, sus sueños y ensueños, a veces en su vida familiar. Este fenómeno nutre el *ello* de la situación, es parte del despliegue del *self* y aumenta la intensidad emocional del proceso de contactar.[3]

La circulación de afectos y cocreación del vínculo

Un campo unitario

Los psicoterapeutas humanistas, relacionales, sistémicos, corporales, cognitivo-conductuales, de plena consciencia, transpersonales, los *coach* y trabajadores sociales que otorgan cierta importancia a la noción de *presencia* y a la fenomenología dan o deberían tener un lugar determinado para com-

[2] El concepto de *microcampo introyectado* fue introducido por Gilles Delisle, terapeuta Gestalt canadiense, quien creó la terapia gestáltica de las relaciones del objeto. Ella lo define así: "El microcampo introyectado es un introyecto particular, ya que representa la parte simultáneamente indispensable e intolerable de una relación del pasado desarrollo mental. Es mantenido fuera de la consciencia y forma la base de los procesos inconscientes en las patologías del desarrollo mental que son problemas de la personalidad" (Delisle, 1998.) Se forma cuando el niño es sometido regularmente a contactos intolerables mientras su sobrevivencia está en juego. Para obtener lo indispensable para su sobrevivencia, el niño deberá "aceptar" secuencias de contacto que desorganizan su *self.* Luego queda atrapado en un dilema de contacto: si protesta, se arriesga a romper vínculos de apego. A efectos de no sufrir incesantemente, estos episodios intolerables serán mantenidos fuera de la consciencia (escisión). Este sufrimiento enterrado resurgirá en la forma de síntomas y desregulación emocional cuyo origen ignora el sujeto. La psicoterapia gestáltica de las relaciones de objeto tiene como fin buscar el sentido de estos trastornos repetitivos al focalizar la atención del paciente en las reproducciones que se producen en sus relaciones afectivas. El microcampo introyectado se concibe como un introyecto más complejo, en la medida que está ligado a las angustias tempranas de pérdida, abandono o desintegración del *self.* Para Delisle, la esencia del dilema de contacto radica en la impotencia para no repetir estos escenarios. Propone centrarse en la experiencia corporal subjetiva e intersubjetiva del paciente y del terapeuta con un reconocimiento de las regulaciones emocionales. (Gracias a Yves Mairesse, del Instituto Champ G. de Lille, por haber escrito este texto.)

[3] Utilizo la palabra "*contactar*" para enfatizar que lo tomo en el sentido del proceso de contacto con sus diferentes secuencias, tal como se presenta en el capítulo 2.

partir la experiencia vivida juntos. En terapia relacional, el terapeuta puede desplegar al paciente ciertos aspectos de su propia experiencia porque esta es un elemento de su campo común. Es lo que en psicoanálisis se llama la *puesta en palabras de elementos de contratransferencia.*

Ya en 1994 abordé ampliamente este tema, en el capítulo 7 de mi libro publicado ese año. Desde una perspectiva de campo, no podemos disociar la transferencia y la contratransferencia. Es un mismo fenómeno de circulación de afectos que pasa de uno al otro y que contribuye a la cocreación del vínculo. Es la razón por la cual utilicé durante mucho tiempo la expresión *campo transferencial,* lo que permitía evitar la palabra contra, que no siempre me parece la correcta. Puede ocurrir si el terapeuta no ha trabajado suficientemente sobre sí mismo, si está abrumado por sus afectos y si esto interfiere de forma negativa en el proceso. Veremos que es un fenómeno que está con frecuencia al servicio del proceso terapéutico. La expresión *campo transferencial* significa que la circulación de sentimientos, afectos, imágenes, asociaciones es un *va-y-viene* en un campo unitario, cocreado por uno y por el otro y que tiene una influencia sobre su *ser-juntos.* Desde una perspectiva de campo en la cual el proceso *awareness-consciousness* tiene un importante lugar, la revelación del terapeuta o por el terapeuta, de lo que él capta o siente o ve, es un momento a veces indispensable en el proceso. Nos alejamos entonces de la idea de "neutralidad benevolente" del terapeuta para entrar en otra postura que es la del compromiso iluminado del terapeuta, por el reconocimiento de que él es parte del campo, al mismo tiempo que su paciente, y que ambos son cocreadores de su historia común. A veces, el rol del terapeuta es acompañar y facilitar el proceso develando a su paciente los elementos de su propia experiencia para que esta sea parte de su campo común, luego analizar con el paciente en qué son cocreadores de lo que emerge de ellos juntos.

Percibir y sentir: Un proceso dinámico

Percibir, presentir, captar, concientizar, ser sensible al sufrimiento y a la angustia del paciente, ponerlo en palabras, compartir, permitir silencios... Estamos ahí en un proceso dinámico, sensual, relacional, abierto a lo implícito, informativo, estético, en el cual hay cotransferencia, así como *cotransfaisance.* Solo podemos hablarlo por la consciencia que tenemos, gracias a la atención prestada a la experiencia actual en la relación. Comencemos por explicitar las ocho características de este proceso.

- *Dinámico:* es un proceso en movimiento que toca la vida y lo existente en sus fundamentos básicos, ahí donde el *ello* comienza, es decir, en el cuerpo; la experiencia vivida en su *continuum* es movimiento y suscita una dinámica. Es la pulsión de vida en nosotros revelada y estimulada, sea por reacciones internas, sea por estímulos externos provenientes del entorno.

- *Sensual:* porque este acto concierne y moviliza la percepción y los cinco sentidos, nuestras cinco fuentes de información, conocimiento, descubrimiento, sorpresa. Lo sensual está habitualmente asociado al placer, al gozo, el placer de percibir un paisaje y dejarse conmover por su belleza, su dulzura, su calma, al punto que los sentidos son "transportados". Es el placer, pero también es más, descubrir, conocer por la apertura de los sentidos.
- *Relacional:* porque percibir y sentir en la relación con el otro, gracias a la consciencia que tenemos, nos da acceso a nuestro mundo interior, al del otro y a lo que pasa entre nosotros y el otro; porque es ahí donde se desarrolla lo psicológico, a partir del hecho de que si percibo alguna cosa que ocurre en mí es porque otra cosa existe fuera de mí y, como consecuencia, me hace existir.
- *Apertura a lo implícito y a lo invisible:* se produce por la atención prestada a uno mismo al percibir y sentir y, por extensión, al campo de la consciencia. Si este proceso dinámico de apertura de los sentidos *en relación con* se hace en la continuidad, permite el surgimiento en el campo de la consciencia inmediata de ciertos elementos del fondo, del "*ya-ahí-aún-no-concientizado*", de lo invisible que busca anunciarse y que pasa por el cuerpo, en primer lugar por el del terapeuta; esto concierne particularmente a los fenómenos de *microcampos introyectados* y de *identificación proyectiva.*
- *Informativos:* porque planteamos la hipótesis de que el campo creado por el encuentro terapeuta-paciente está repleto de informaciones enviadas no conscientemente por uno y por el otro, de las cuales algunas están en busca de ser explícitas en una intencionalidad terapéutica.
- *Estética:* porque de esta movilización de los sentidos y de su efecto sobre la consciencia y el abandono en la relación puede emerger de forma espontánea y de manera natural la bella forma, lo que llamo la *belleza natural* en uno de mis artículos (Delacroix, 2006), lo que es correcto, en el momento presente, para impulsar los movimientos organísmicos y relacionales orientados al crecimiento.
- *Portador de cotransferencia* (término que explicaré más adelante): porque ese proceso en movimiento va de uno al otro, creando la coafectación,

la coinfluencia, del sentir de cuerpo a cuerpo, de emoción a emoción, de historia a historia, de imaginación a imaginación, de pensamiento a pensamiento, de un alma a otra.

- *Portador de cotransfaisance:* porque el *ello* se hace aquí, juntos, en la complejidad de lo que circula entre nosotros. Este proceso del *ello* que hacemos juntos es como un flujo que puede alterar nuestras representaciones, nuestras creencias, que nos mueve hacia la posibilidad de hacer de otra manera, y que puede así volverse terapéutico.

De la contratransferencia a la cotransferencia y la *cotransfaisance*

Algunos elementos históricos

¿Qué ocurre con la relación terapeuta-paciente desde el punto de vista del campo transferencial que se destaca del esquema de transferencia psicoanalítica (de lo que llamamos *transferencia* o *contratransferencia*)?

El origen de la palabra *contratransferencia* se atribuye en general a Sandor Ferenczi, quien la utiliza por vez primera en 1909. Sigmund Freud identificó los elementos estructurales del marco y de la técnica de la cura psicoanalítica como favorables para la transferencia del tipo paternal sobre él, pero realmente nunca se preguntó sobre los mecanismos inconscientes que podrían responder o favorecer este tipo de procesos. En 1910 señaló que la contratransferencia es el resultado de "la influencia del enfermo sobre los sentimientos inconscientes del médico" y "ningún analista va más lejos que sus propios complejos y resistencias". Esto significa la necesidad, para el analista, de someterse a un análisis personal.

Este concepto de *contratransferencia* fue relegado a un largo silencio y solo a partir de la década de 1950 el tema comenzó a salir de la oscuridad. Vemos entonces aparecer dos concepciones que se enfrentarán durante muchos años en el mundo psicoanalítico: la concepción clásica y la concepción totalizadora.

Es sobre todo H. Searles, psicoanalista estadounidense que me inspiró mucho, quien pondrá este concepto en primer plano en su obra magistral, *Le Contre-transfert* (1981). En el libro expone, con mucha sensibilidad y referencias a la clínica con sus pacientes *borderline* y esquizofrénicos, la necesidad de trabajar con la contratransferencia con nuestros pacientes, al punto de escribir que el proceso terapéutico no pude avanzar a menos que el terapeuta explore constantemente, en una terapia personal, cómo se ve afectado por sus pacientes. Cita la frase de uno de sus maestros, H.S. Sullivan: "todos nosotros somos, sin importar nada más, simplemente humanos", lo cual significa que está en el orden de las cosas que los humanos sensibles se vean afectados por otros, incluso en el contexto psicoterapéutico. Expone cómo su propio psicoanalista, formado a partir de lo que sus pacientes le hacen vivir, le ha permitido desarrollar lo humano en él como un sentimiento de identidad. Apunta sobre esto:

> Mi sentimiento de identidad se convirtió después en [...] mi fuente más segura sobre las informaciones concernientes a lo que ocurre entre el paciente y yo y lo que ocurre en el paciente. La "utilización" de este flujo de sentimiento de identidad constituye una fuente fundamental de descubrimiento, durante el trabajo con el paciente, de los procesos contratransferenciales y transferenciales (Searles, 1981).

La concepción clásica considera la contratransferencia como la reacción inconsciente del analista frente a la transferencia del paciente. Esta definición es más cercana a la de Freud, que recomienda al analista "superar" su contratransferencia.

Para la concepción totalizadora, todas las reacciones conscientes e inconscientes del terapeuta son parte de la contratransferencia. Consideramos que todas sus reacciones emocionales y afectivas son reacciones frente a sus exigencias reales tanto como a sus necesidades afectivas y que estas permiten obtener una mejor comprensión del paciente. Técnicamente, la contratransferencia podrá utilizarse de manera activa para hacer avanzar el proceso terapéutico.

Para los clásicos, las reacciones emocionales del terapeuta deben ser consideradas estrictamente como problemas, como el reflejo de conflictos intrapsíquicos no resueltos del terapeuta. Los "totalizadores", en cambio, creen que el psicoanalista es humano, debe ubicarse en el contexto de la empatía y la identificación parcial con el paciente; en este sentido, pueden aparecer como una comunicación del inconsciente al inconsciente. Los terapeutas piden muchas veces trabajar con supervisión o estar en terapia personal, ya que pueden ser un indicador de intervención. Será entonces necesario encontrar la formulación correcta en el momento adecuado.

Didier Juston (1990) escribe en su libro sobre la transferencia y la contratransferencia en psicoanálisis y en Gestalt: "Al aportar nuevas técnicas, la Gestalt ha introducido una nueva manera de gestionar la transferencia. El hecho es que la expresión contratransferencia constituye la originalidad fundamental de la Gestalt".

Karim Reggad plantea también la cuestión de la transferencia a partir del concepto de *resonancia.* "El cuerpo es el camino real de acceso a la resonancia. Para el profesional formado esencialmente en las nociones habituales de transferencia y empatía, acceder a este modo relacional particular requiere un cambio epistemológico. Esto fue preparado por el mismo Perls. Las nociones de transferencia o empatía no son las únicas operantes" (Reggad, 1990).

En lo que a mí concierne, he usado en mis artículos la expresión "movimientos de afectos en el campo terapéutico", para evitar emplear un concepto que pertenece al psicoanálisis y para eliminar el "contra", que para mí alude a la desconfianza que los psicoanalistas tenían en la contratransferencia en la época en la que yo pertenecía a esa corriente. Hoy, si a veces utilizo estos términos, es por comodidad lingüística, para poder comunicarme con colegas de diferentes escuelas. Mis orientaciones teórico-clínicas hacen que me inscriba desde hace mucho tiempo dentro de la corriente "totalizadora", pero desde una perspectiva de campo. Hay circulación, movimiento de uno a otro, entre uno y el otro. Coafectación, coinfluencia, el *ello* vibra de cuerpo a cuerpo, es la definición misma de la resonancia. Como hemos visto en un capítulo anterior, según la teoría de Sheldrake las informaciones circulan en el campo y a veces se depositan sobre o en la materia corporal.

¿Los conceptos de *transferencia* y *contratransferencia* en el sentido psicoanalítico son suficientemente amplios para dar cuenta de todos los fenómenos que ocurren entre los dos, a su alrededor y en su campo común? Los conceptos *cotransferencia* y *cotransfaisance* son los que me parecen más precisos para explicar estos fenómenos. Son neologismos que yo creé para tratar de esclarecer dichos fenómenos en coherencia con la teoría de campo.

El campo transferencial: Un campo unitario de cotransferencia...

Las reacciones del terapeuta son indisociables del campo formado por el encuentro entre él y el paciente. Hoy llamo a este fenómeno *cotransferencia.* Esta expresión permite precisar la naturaleza de lo que se hace en lo que llamo *campo transferencial* y de ligarnos a la historia de la transferencia y la contratransferencia para hacerla evolucionar.

Tomo esta palabra en su sentido etimológico: algo es transportado, desplazado *más allá de...* y eso se hace conjuntamente:

- el prefijo "co" significa que es algo que se hace conjuntamente, es una cocreación;
- "trans": el *ello* se desplaza y va más allá y hacia;

- "ferencia": del verbo latino *ferre*, portador, llevar, traer. Algo se transporta, se lleva a otro lugar, el *ello* se transporta más allá de y en la continuidad. El participio presente significa la postura fenomenológica, el movimiento está a punto de ocurrir en el presente, continúa en el momento presente y en el futuro inmediato, y así sucesivamente, hasta que el *ello* o un elemento del *ello* se pueda identificar, hablar, poner a trabajar, elaborar, hasta que comprendamos su significado y su alcance terapéutico;
- el *ello* es común, es resonante, una asignación conjunta, se construye conjuntamente, con sus diferencias en la naturaleza de la afectación y en su intensidad.

Algo que no se explicita, que no se concientiza, no es visible, pasa más allá del emisor y es parte de lo que flota en el espacio terapéutico, luego es atraído por un soporte, sin duda, porque hay un fenómeno de resonancia, o una atracción, como en los campos magnéticos, por la postura del terapeuta hecha de presencia, receptividad y empatía que participa en crear un clima de seguridad y confianza. El *ello*, tal como se define en el capítulo 2, funciona en la situación y trabaja en segundo plano hasta que surge el *ello* en una forma real, identificable.

...y de cotransfaisance

Esta noción de *cotransfaisance* apareció a través de las palabras de Hélène Castel, durante el trabajo común para finalizar este capítulo. El *ello* se realiza en conjunto, hay una acción que tiene lugar a través de la transferencia, una acción que está supuesta a orientarse hacia la práctica terapéutica. Se realiza sobre el fondo de ser en consciencia conjuntamente. Esta acción se está llevando a cabo, instante tras instante, en la sucesión de momentos presentes, de ahí el neologismo.

Podríamos considerar que lo que el terapeuta siente, imagina, sueña, olvida, asocia, duda, "alucina", "confunde", son manifestaciones provocadas por este *hacer juntos* puesto en movimiento por *estar juntos*. Estas tienen sentido en el proceso terapéutico cuando aparecen y en el momento en que el terapeuta es consciente (puede haber un desfase entre los dos). Son las características del proceso en ese momento, le dan a la relación su color, su atmósfera del momento. Son una anticipación activa, una preconsciencia de lo que el paciente descubrirá de él si el terapeuta es hábil en sentir y en revelarlo. Estas llevan la palabra que va a surgir de esta energía y el diálogo terapéutico inspirado por todo el *ello* que se elabora en el silencio y de forma lenta. Así, estas manifestaciones son parte de la textura que adquiere entonces el tejido relacional, el *ello* es parte del texto que se escribe en la sombra de la relación y trata de aparecer. Este texto está inspirado por una postura que es de medio camino: abandonarse a lo que viene, dejando que la acción se produzca. En estos momentos hay una especie de inocencia inspiradora, un ímpetu liberado de los grilletes que atan al terapeuta y el proceso, el hacer se hace solo, el hacer se despliega puesto en movimiento por la espontaneidad creadora del instante. Es entonces cuando se tejen los patrones que son la originalidad del tejido, que le dan su belleza, su estética, su alma, sobre el fondo de la tradición o tradiciones que significan un linaje.

¿DE DÓNDE VIENEN ESTOS PROCESOS DE COTRANSFERENCIA Y *COTRANSFAISANCE*?

No hay una voluntad de transferir, ni de transferencia, el *ello* se hace espontáneamente, hay una *cotransfaisance* en el proceso de hacer que escapa a una intencionalidad consciente, que va más allá de lo interpersonal para extenderse a lo que está actuando en el campo. Podemos entonces pasar de lo interpersonal a lo impersonal, las dos personas implicadas desaparecen momentáneamente para que el ego ya no obstaculice el proceso en presencia, sino que haya libertad y el espacio para desarrollarse.

Desde una perspectiva de campo, podríamos reemplazar los términos "*transferencia*" y "*contratransferencia*" por "*fenómeno de resonancia entre el paciente y el terapeuta*" o "*coafectación*" o "*fenómeno de emocionalidad que vincula*" o "*proceso de estar juntos en consciencia*" sin ninguna connotación intelectual. Es algo que no es todavía explícito y que flota en la atmósfera, pero hay que preguntarse: ¿de dónde viene?

- ¿del terapeuta?,
- ¿del paciente?,
- ¿del *ello* de la situación en la cual están implicados los dos?,
- ¿de su campo común con sus dimensiones sensoriales, emocionales, imaginarias, mentales, proyectivas, energéticas?,
- ¿de microcampos introyectados, es decir, de lo antiguo del paciente o del terapeuta en movimiento por la situación y que está flotando en la atmosfera?,
- ¿de ambientes, atmósferas, en un campo donde el *ello* funciona como la pequeña magdalena de Proust, el *ello* despierta recuerdos?,
- ¿de secretos que buscan surgir de la sombra?,

- ¿de lo transgeneracional despertado por la situación y por su campo común?,
- ¿de la ampliación de consciencia en ambos y en el mismo momento?,
- ¿de la consciencia común en la cual están inmersos en algunos momentos?,
- ¿del encuentro de sus inconscientes?,
- ¿desde una perspectiva transpersonal podríamos pensar que lo sagrado contenido en el ser de uno y de otro ha despertado por la relación en plena consciencia?,
- ¿de otras cosas que se nos escapan porque, en el estado actual de nuestras experiencias y conocimientos, no podemos identificarlas ni nombrarlas?

¿Cuál es su futuro?

Serían los precursores…

- ¿de una situación inconclusa o de un escenario de vida en busca de cambio?,
- ¿de una figura que trata de surgir y que está en gestación?,
- ¿de un elemento importante del proceso de sanación?,
- ¿de una regresión?,
- ¿de la palabra encarnada?,
- ¿del principio de una apertura a otros espacios que se nos escapan?,
- ¿del espacio intermedio entre lo visible y lo invisible?,
- ¿de premisas de una apertura más allá de nosotros mismos que traducimos a veces como apertura espiritual?

No tengo respuestas para estas preguntas. Solo puedo despertar al lector con estas pistas para que identifique cuáles corresponden a sus referencias teórico-clínicas y a sus experiencias:

- decir que el *ello* proviene del paciente o del terapeuta nos remite al paradigma individualista;
- decir que el *ello* proviene de la interacción entre los dos nos lleva al paradigma relacional;
- decir que el *ello* proviene de la situación nos lleva al paradigma del campo incluido el paradigma relacional. En ese caso, lo que se manifiesta es una cocreación de los dos juntos, el *ello* les pertenece y este *ello* que se ha puesto en movimiento entre los dos juntos trata de revelarse a través de manifestaciones en el cuerpo, en sus estados internos,

en la imaginación, en los *flashes* que rápidamente atraviesan de uno a otro, en el pensamiento; las manifestaciones serán conocidas y reconocidas por la consciencia que uno u otro va a tener y por la puesta en palabras de estas tomas de consciencia.

¿Incorporación-impregnación e identificación proyectiva?

Veamos ahora este fenómeno de *incorporación-impregnación*. Hay una especie de incorporación por parte del terapeuta, sin que lo sepa, de algo que podría evocar un estado del paciente, al punto de que a veces está impregnado de él. Sucede que esto no es solo un "como si" del paciente —"como si" en la medida en que podríamos decir que eso evoca algo que parecería que concierne al paciente—, pero que es el reflejo de algo del paciente, algo corporeizado momentáneamente por el terapeuta. Este fenómeno recuerda lo que los psicoanalistas llaman *identificación proyectiva*. Se organiza y se estructura a partir de una forma muy primaria de proyección, una especie de expulsión no consciente del paciente fuera de él, sobre y en la persona del terapeuta. Como hemos visto, esto afecta a este último, el *ello* lo marca, provoca en él manifestaciones fisiológicas, sensoriales, emocionales... el *ello* puede provocar una forma de introyección muy primaria también, bajo la forma de absorción e impregnación no consciente. Es un fenómeno de intercorporalidad.

Esta "sustancia" enviada no conscientemente por uno más allá de sí mismo, recibida y absorbida por el otro en este proceso de cotransferencia y de *cotransfaisance* tiene efectos sobre el terapeuta, sobre su unidad psicosomática, sobre sus percepciones, sentimientos, estados interiores. Utilizo la palabra *sustancia* pensando en los terapeutas de tradiciones ancestrales que sanan a partir de estados de consciencia modificados, y utilizan ciertas plantas, algunas de las cuales son psicotrópicas. La absorción-impregnación modifica el estado interior del terapeuta, su capacidad de percibir, de sentir, su "control razonable habitual y familiar" disminuye y puede hacerlo de cierta forma clarividente, sensible, intuitivo, fantasioso. Más *excéntrico*, para retomar un término utilizado por Perls y sus colaboradores (1951) a propósito del hombre con buena salud: fuera del círculo de lo que sería correcto pensar, más centrado en lo esencial, que solo puede revelarse fuera de los caminos convencionales. Y así esta *sustancia* podría tener efectos reveladores para el paciente a través de la persona del terapeuta: lo que este siente o "ve" podría referir al paciente a algo de su propia historia, incluso en sus premisas, y a ciertas huellas sobre sus maneras de estar en el mundo. Puede engendrar "alucinaciones" en el terapeuta, para emplear la expresión de Zinker. En el organismo del paciente hay una necesidad, es una cuestión de vida o muerte. Mas la fijación y la repetición neurótica —respaldadas a veces por una desorganización psíquica—, se instalan en la vida cotidiana del paciente, causando una pérdida de vitalidad, de dinamismo, de creatividad, que pueden llegar a ser mortales; entonces el terapeuta se verá atrapado en este mecanismo de absorción-impregnación o de identificación proyectiva. De ahí la necesidad para él de haber desarrollado una aguda consciencia de su experiencia, de saber decodificarla y restituirla al paciente para liberarse. Hablaremos acerca de esto en el capítulo sobre la intercorporalidad. La identificación proyectiva experimentada por el terapeuta es a menudo la manifestación en la corporeidad del terapeuta de los microcampos introyectados del paciente.

Me parece que los conceptos de *transferencia* y *contratransferencia* tal como se conciben clásicamente ya no son suficientes para dar cuenta de los fenómenos que ocurren en la relación terapeuta-paciente, en una perspectiva de campo y de plena consciencia. Las terapias contemporáneas que se apoyan en un estado de consciencia ampliado, después de la meditación intersubjetiva, la relajación, la sofrología, la musicoterapia, las constelaciones familiares, el arteterapia, incluso la respiración holotrópica y las terapias tradicionales ancestrales que utilizan "plantas sagradas"[4] revelan estos fenómenos que he tratado de explicar con las nociones de transferencia y *transfaisance*. Son las herramientas de trabajo y de reflexión que pongo al servicio de terapeutas que son sensibles al misterio de la relación y los vínculos invisibles. Depende de nosotros hacerlos evolucionar.

Los lazos invisibles existen, como se muestra en la película de Marine Billet titulada *Ces liens invisibles*,[5] donde ella pone en escena a tres personas atrapadas en secretos que no conocen. Estas sienten que están vinculadas por algo que se les escapa, que está inscrito en su cuerpo, en su historia y en todo su ser, y que les hará decir: "yo siempre supe… pero no lo sabía", hasta que descubren los secretos y se dan cuenta del poder de estos vínculos que existían entre ellas y ciertos miembros de la familia.

[4] El término "plantas sagradas" es el nombre general dado a ciertas plantas utilizadas durante milenios por terapeutas tradicionales ancestrales de África, Asia y América Latina. *Sagradas*, porque se dice que son psicotrópicas y provocan un estado de consciencia expandido, que permite ver y sentir más allá de lo que percibimos habitualmente. Fueron redescubiertas a finales del siglo XX y utilizadas en algunos países europeos donde están autorizadas.

[5] M. Billet, *Ces liens invisibles*, https://sommetdelaconscience.com/2018-film1

El terapeuta que se deja llevar por sus sentimientos, en sus estados interiores unido con el paciente, siente algo de estos vínculos invisibles que flotan en su campo común. A través de su cuerpo sensible se presentan gracias al fenómeno de *cotransferencia* y comenzarán a revelarse a través del proceso de *cotransfaisance.*

A veces sucede que la percepción, sentir y los procesos de trasferencia y *transfaisance* son tan interdependientes, se nutren tanto, que parecen funcionar juntos, simultáneamente o casi, sin diferir o difieren muy poco, y forman una unidad. Estos son momentos maravillosos en los que el *self* se despliega de manera natural y espontánea. El desarrollo del proceso está en ese momento marcado por la espontaneidad creadora de la cual hablan los creadores de la Gestalt y que remite a la influencia oriental en la terapia Gestalt: "El *self* es espontáneo, como fondo de la acción y la pasión, y está comprometido en su situación (como *yo*, *tú*, *eso*)... La espontaneidad es el sentimiento de actuar en la relación organismo-entorno en curso, no como su artesano ni como su objeto, sino en desarrollo; no es directiva, ni autodirectiva; no consiste tampoco en dejarse llevar, aunque sea esencialmente libre, sino que se descubre y se inventa a medida, con compromiso y aceptación" (Perls *et al.*, 1951).

Capítulo 9
De cuerpo a cuerpo en la relación terapeuta-paciente: Intercorporalidad

A veces se produce un fenómeno extraño e íntimo de cuerpo a cuerpo en el campo transferencial o en la cotransferencia: ocurre con frecuencia que el *ello* pasa de un cuerpo al otro, sobre todo cuando el cuerpo sensible del terapeuta es receptivo gracias a la postura meditativa. Otras veces el terapeuta puede sentir y decirse "es como si yo sintiera algo en mi cuerpo que podría quizá evocar lo que le ocurre al paciente". Pero usualmente se sorprende al constatar que hay como una transferencia de algo crudo del cuerpo del paciente al suyo. Es lo que exploraremos en este capítulo apoyándonos en el concepto de *intercorporalidad* del filósofo fenomenólogo Merleau-Ponty.

De cuerpo a cuerpo, experiencia personal

Mayo 2001. Me encuentro en la sala de urgencias del Hospital de Grenoble. Diagnóstico: "Señor, tiene una descompensación hepática grave; en este caso podemos considerar un trasplante de hígado… si su estado lo permite".

Vivir con un órgano de otra persona, que estaba en muerte clínica, cuya familia había aceptado donar los órganos a la medicina para salvar vidas… la mía… Esa es mi historia.

El cuerpo de otro entró en mí, en mi propio cuerpo, en mi vida, mi alma… No es una metáfora ni una prótesis, ni ciencia ficción, es de hecho del otro de quien se trata, de su carne, de sus tripas. Siempre sentí que más allá de la operación quirúrgica, era una persona que mi propio cuerpo recibió, con su historia, su personalidad, sus antepasados. Estábamos vinculados profundamente, íntimamente, de cuerpo a cuerpo. Él había entrado en mi cuerpo y así me permitía continuar viviendo y yo me impregnaba de este otro, hasta que nos convertimos en uno. Le permití también continuar viviendo, al igual que los otros destinatarios, y lograr su misión de vida. Casi veinte años después, estamos siempre en esta intercorporalidad, en esta intersubjetividad por la cual nos donamos la vida instante tras instante.

De cuerpo a cuerpo, de historia a historia... profundo vínculo de aceptación de este extranjero en mí. Aceptar al otro... sin saber nada de él... tomar un tratamiento "antirrechazo"... No, ¡un tratamiento de aceptación mutua!

De hecho, siempre "supe" que era un hombre joven, lo "vi" en una visión magnifica: dos noches después de la operación, nos vimos, nos reconocimos y nos aceptamos. Luego hablamos, durante la noche, a través de nuestros sueños que pasaron por mí, donde aparecía siempre un hombre joven, con frecuencia de una cultura diferente a la mía (el cuerpo extranjero), hasta que el médico aceptó revelarme: "Usted tiene el hígado de un hombre joven que tenía entre 16 y 17 años... que murió luego de un accidente automovilístico. Gracias, doctor, yo lo 'sabía', gracias por habérmelo confirmado y quitarme esta duda, ¡mi visión no era una alucinación!"

¿Sería esto una metáfora de lo que a veces sucede en la relación paciente-psicoterapeuta? ¿Cómo comprender el fenómeno de cuerpo a cuerpo entre el paciente y el terapeuta, denominado por Merleau-Ponty "intercorporalidad" y convertirlo en un elemento importante de la relación y del proceso?

Lo que vincula

El concepto de *campo organismo-entorno*, considerado como ya hemos visto como uno de los conceptos clave de la terapia Gestalt, es muy pertinente en todas las corrientes de terapias relacionales, pues contiene un elemento que merece nuestra atención: el guion entre dos palabras. Es el cuerpo el que se convierte en este guion entre uno y otro y es un elemento fundamental del paradigma relacional.

Más precisamente, lo que vincula se manifiesta a través de los dos cuerpos en presencia, por circularidad, en el corazón de este espacio que es el de la experiencia plenamente concientizada. Hago aquí referencia al fenómeno de intercorporalidad, que es el tema de este capítulo.

Para desarrollar mis pensamientos, me apoyaré en los siguientes elementos:

- dos artículos, uno fue escrito por Marie-Lise Brunel y Cynthia Martiny —profesoras en la Universidad de Quebec, en Montreal—, publicado con el título "Conceptions de l'empathie, avant, pendant et après Rogers" (2004), y el otro fue redactado por Chantal Deschamps —profesora de la Universidad de Laval en Quebec—, titulado "L'intercorporalité chez M. Merleau-Ponty" (2004);

- la animación de tres seminarios de formación y posformación impartidos en América Latina, que fueron una especie de laboratorio que permitió a los participantes y a mí mismo hacer una investigación teórico-clínica sobre el tema de la intercorporalidad. Los tres seminarios se impartieron en los centros de formación del Instituto Humanista de Terapia Gestalt de Myriam Muñoz Polit, el primero sobre la empatía en Quito (Ecuador), el segundo en Coyoacán (Ciudad de México), titulado "La respuesta del cuerpo del terapeuta en el proceso terapéutico", y el tercero en Puebla (México), "La relación paciente-terapeuta: una relación que sana";
- las reflexiones acerca de este tema, las cuales son compartidas con profesionales de numerosos institutos de América Latina y Europa, en especial sobre los temas "psicoterapia y espiritualidad", así como "Gestalt y chamanismo".

Merleau-Ponty y la intercorporalidad

Después de hacer una revisión del concepto de *empatía*, Brunel y Martiny continúan la reflexión de Rogers. Se interesan en la comunicación empática comprendida a partir del "multicanal" y la interactividad. "Multicanal significa que las comunicaciones interpersonales surgen de los sentidos (en especial la visión y la vista); en proporciones variables, formadas por lo verbal, no verbal y paraverbal, y se producen al mismo tiempo en ambas partes en interacción, lo que refuerza la idea de que se trata de un proceso necesariamente bidireccional" (Brunel y Martiny, 2004).

Ellas tratan de comprender el concepto de *empatía* a partir de la corriente interaccionista y retienen los siguientes puntos, que nombraré ya que son parecidos a nuestras referencias gestálticas:

- la focalización en lo inter;
- el lugar del cuerpo a partir del mimetismo, los micromovimientos, la sincronía;
- el contexto y el campo y lo que pasa aquí y ahora;
- la postura fenomenológica no interpretativa;
- cierta desconfianza en las teorizaciones generales que no dejan lugar a los detalles interesantes y a lo desconocido.

Las autoras perciben la empatía como "un proceso esencialmente interactivo, impregnado de reciprocidad, de intercorporalidad y de intersubjetividad" (Brunel y Martiny, 2004) y se refieren al concepto de *intercorporalidad*, de Merleau-Ponty, y a lo que dice Deschamps. El artículo de Deschamps comienza diciendo:

> Desde la perspectiva conceptual del "cuerpo-conocedor" y del "cuerpo fenoménico" en Merleau-Ponty se agrega un concepto fundamental… Se trata de la "intercorporalidad", esta noción crucial, que llega a completar las posibilidades existenciales del cuerpo, es lo que nos hace ser un cuerpo sentido y que siente entre los otros cuerpos, así como ampliar el entendimiento que tenemos del cuerpo con respecto al mundo […]
>
> Desde el punto de vista de la persona, el cuerpo es su manera particular de habitar el mundo, es una vista sobre el mundo y a través de él aparecen la realización y la expresión de una actitud subjetiva propia de esa persona […] En otros términos, cuando se trata de corporeidad en Merleau-Ponty (1945), no se evoca la idea de una masa carnal cerrada sobre sí misma o incluso la de un cuerpo ideal concebido por la acción de una consciencia pura. Por el contrario, la corporeidad del sujeto remite a la evidencia de un sujeto provisto naturalmente de una consciencia encarnada, es una consciencia que es corpórea. Así, la persona, siendo por su propio cuerpo una forma de ser consciente del mundo, muestra que es esencialmente una presencia corporal en el mundo […] Lo que se llama en Merleau-Ponty la *consciencia perceptiva* o, para retomar el calificativo del filósofo, "el cuerpo-conocedor", es un cuerpo que por sus posibilidades sensibles, perceptivas y fenoménicas, experimenta el mundo (Deschamps, 2004).

Deschamps define así la intercorporalidad:

> Merleau-Ponty creó el término en 1945. Para él, la intercorporalidad se refiere al cruce que ocurre secretamente entre su cuerpo y el de los demás mediante diversos procedimientos inconscientes incluido el de la imitación, el mimetismo. Este cruce logra descubrir no solamente al otro desde afuera, sino que lo hace sentir desde adentro al revelar, de manera oculta, la parte invisible o muda de su propio cuerpo (Deschamps, 2004).

Lector, te invito a detenerte un momento en esta última frase… déjate sentir cómo te interpela en tu práctica. Teniendo en cuenta el vocabulario sensorial utilizado por la autora: sordo, invisible, mudo, que evoca el *ello* de la situación, ya presentado en el capítulo 3 —lo que no se escucha, no se ve, no hace ruido, no se puede hablar y sin embargo está ahí, presente en el aquí y el ahora, todavía no manifestado, invisible, en espera de manifestación en virtud del principio de intencionalidad—. No estamos, según Freud, en el registro del inconsciente. El *ello*, todavía no concientizado explícitamente está ahí, presente, en un invisible que ya envía señales por intermedio de los cuerpos en presencia para conocerse, señales que se manifestarán por la atención prestada a uno mismo en el proceso de vivir la experiencia.

Para M. Merleau-Ponty, somos un "cuerpo conocedor", un "cuerpo que siente", "un cuerpo sintiendo y que siente". En *Phénoménologie de la perception* (1945), escribe esta frase que para mí es capital en terapia relacional: "Es por mi cuerpo como yo comprendo al otro, y es por mi cuerpo como yo percibo las 'cosas'. A condición de haber desarrollado la consciencia corporal".

Va de un vientre a otro

Escucho a Marlène. Viene a terapia desde hace más o menos seis meses. El nivel energético de este encuentro es bajo. Estoy al límite de aburrirme. Nada parece surgir de los contenidos. Me digo que ya no debería tener sesiones a las dos de la tarde, hora de la digestión y la siesta. Concientizo poco a poco una sensación difusa en mi vientre, se instala y toma lugar hasta convertirse en el comienzo de un dolor. No veo ninguna relación aparente entre esta sensación y los contenidos. Después de dudar, me arriesgo a una intervención que comienza por una reformulación muy rogeriana de contenidos y digo:

Terapeuta: Estoy asombrado, tengo la palabra "vientre" que me viene cuando la escucho...

Paciente: No me sorprende...

T: ¿Puede decirme un poco más...? (silencio).

P: Cuando estaba en casa, en la tarde, sola, muchas veces tenía dolor en el vientre...

T: Nunca me lo había dicho...

P: No... no vengo aquí para eso... no es interesante...

T: ¿Usted piensa que su vida no es interesante? (Al decir esto, me apoyo en lo que sé de ella.) Ella se pone a llorar. Sostengo su emoción. Observo que mi sensación en el vientre desapareció, salgo de mi estado próximo al aburrimiento, retomo el interés en ella y en lo que ocurre, luego le digo: "observo que la palabra 'vientre' tiene mucho efecto en usted".

Comenzamos entonces un diálogo terapéutico encarnado. Ella comparte la angustia por el abandono que siente a veces cuando está sola, y de la cual no ha hablado con nadie. Luego me cuenta de su nacimiento, que fue "largo, difícil y doloroso... Me dijeron que yo no quería salir".

Entonces mi cuerpo había reaccionado haciendo eco de algo de su historia que ella no me había dicho aún. Concienticé el mensaje que pasaba por mi cuerpo, lo volví a poner en circulación simplemente utilizando la palabra "vientre", para devolverle la información recibida y esto provocó un gran cambio en el proceso terapéutico.

La consciencia corporal

Es la consciencia corporal en sus formas sensorio-*awareness*, pero también en sus modalidades sensorial y emocional (véase el capítulo 5) y la atención prestada al cuerpo en una situación que nos permite tener conocimiento de lo que pasa de cuerpo a cuerpo. Los sentimientos ligados con nuestro funcionamiento interno y con la presencia del otro, lo emocional, imaginario, el recuerdo, la memoria, el pensamiento, el sueño, el ensueño... pertenecen al organismo y es a través del cuerpo-consciencia como a veces se nos revelan y se hacen explícitos.

La consciencia que tenemos de nuestro cuerpo y la experiencia que experimentamos, en relación con el otro, están en el centro del proceso de existencia, del sentimiento de existencia y de la construcción de la alteridad. En efecto, sentimos a través el cuerpo, captamos las informaciones que circulan en el campo gracias a la atención que prestamos a lo que ocurre en nosotros cuando el *ello* se manifiesta. A través de él tenemos conocimiento del mundo exterior y de nosotros mismos sintiendo; a través de los sentidos alertas, que nos permiten percibir cómo nos afecta el mundo exterior. A través de este cuerpo sabemos que estamos presentes en el mundo y que habitamos el mundo. Es un cuerpo vivido, directamente conectado a nuestra historia personal y al mundo que nos rodea.

El cuerpo y la consciencia corporal siempre han estado muy presentes en mis formaciones personales, así como en mi práctica como terapeuta, formador y supervisor. El proceso terapéutico pasa por el cuerpo consciente o por la consciencia corporeizada. El cuerpo y la consciencia corporal son incluso la base, si planteamos la hipótesis de que esto es lo que une a ambos, como mencioné al principio de este capítulo.

Así, lo que es concientizado da al cuerpo su estatus de cuerpo-consciencia o de "cuerpo como consciencia", para retomar el título dado a la traducción francesa del libro de Ruella Frank (2005). Estar en presencia y en plena consciencia de lo que esto produce en el cuerpo provoca un estado emocional que es energía en busca de orientación. Esto se manifiesta por los sentidos y por los estados interiores casi siempre difíciles de expresar con palabras hasta que el proceso interno no haya avanzado suficientemente. La atención prestada a la experiencia permite comprender, sentir cómo, cuándo y dónde se manifiesta el *ello* en el organismo. El trabajo del terapeuta es entonces apoyar las manifestaciones de este estado para que, de esta energía, a veces magmática, pero en movimiento, pueda surgir una forma significativa. Apoyar su presencia muy corporeizada con el silencio que deja lugar a lo que debe venir, con un enlentecimiento del ritmo para que el organismo trabaje y encuentre su propio ritmo, con esta frase: "déjate sentir lo que está ahí". Apoyar con esta postura de meditación intersubjetiva. Lo que debe suceder se manifestará en el paciente, en el terapeuta, o en ambos al mismo tiempo.

Recordemos lo que S. Schoch de Neuforn escribió en un capítulo del *Grand livre de la Gestalt*:

> Las presuposiciones teóricas [de la terapia Gestalt] otorgan un lugar particular al cuerpo: no ubican la psique en el pensamiento o el lenguaje en algún lugar de un lado de la cabeza. Para el terapeuta Gestalt el psiquismo es un concepto que engloba las funciones mentales, emocionales, sensorio-motrices vinculadas a una situación. Es el cuerpo afectado por el entorno que está en el origen del hecho físico, el cuerpo es como la piel de un tambor que es sensible a todo lo que lo toca y cuyo sonido es el producto de la naturaleza de sus constituyentes y de su organización, así como de la manera en que se golpea. Además, el psiquismo está dotado de una intención, de algo que, de manera permanente, moviliza, lo que Bergson llamó el *impulso vital* y que se combina con lo que se le ofrece (Schoch de Neuforn, 2011).

La corporeidad

La palabra "corporeidad" es a veces utilizada por los terapeutas que hacen referencia a los cuerpos. Aquí la definición que se da en Wikipedia a partir de los trabajos de M. Merleau-Ponty:

> Tomando como punto de partida el estudio de la percepción, Merleau-Ponty es llevado a reconocer que el cuerpo propio no es solamente una cosa, un ob-

> jeto potencial de estudio para la ciencia, sino que está constituido de la apertura perceptiva al mundo y a su dedicación. Luego enfatiza que existe una consciencia y un cuerpo inherentes al análisis de la percepción que debe ser tenida en cuenta. Por así decirlo, la primacía de la percepción significa una primacía de la experiencia, en la medida en que la percepción tiene una dimensión activa y constitutiva.

Así vemos que, para que haya corporeidad, tiene que haber necesariamente encuentro, interacciones y simultaneidad entre cuerpos, percepción, consciencia, experiencia, corporalidad de la consciencia, intencionalidad corporal, todo esto relacionado con el mundo, en la situación. La terapia Gestalt es parte de las terapias que se basan en el concepto de *corporeidad* en la relación terapéutica, con su especificidad:

- proceso de concientización *awareness-consciousness*;
- concepto del *ello* de la situación como base del proceso terapéutico, que se refiere a lo que se teje en el organismo a través de su materia corporal y que está aún en el no-consciente;
- el cuerpo como "trasfondo dado", a partir del cual pueden surgir figuras y posibilidades de este *ya-ahí-aún-no-concientizado* en el trabajo del *ello* de la situación.

Desde una perspectiva de campo, el *ello* pasa de cuerpo a cuerpo, del cuerpo de uno al organismo del otro y se manifiesta a través de la corporeidad. Es la plena consciencia llevada a la experiencia vivida uno frente al otro que da conocimiento al terapeuta de algo que él mismo vive y que puede resonar en el paciente, cuando esto se comparte. Nos encontramos ahí todos los temas presentados en los capítulos precedentes: el término "intercorporalidad" los contiene (incluye) y los sintetiza.

La circularidad

Lo que caracteriza el proceso en el cual están comprometidos los cuerpos-conocedores, sentidos y que sienten, en situación, es la circularidad.

Circularidad del cuerpo consigo mismo: el cuerpo-conocedor tiene la capacidad de sentirse a sí mismo, "de ser para él mismo su proyecto objeto, un objeto sentido" (Merleau-Ponty, 1945). En esta circularidad consigo mismo, el cuerpo siente la experiencia aquí y ahora y se siente a sí mismo.

> Circularidad entre el cuerpo y el mundo exterior: el *ello* circula entre este y el mundo exterior. Tiene la capacidad de sentir el mundo exterior.

> Así, en términos de lo que es percibido, también es vivido por el cuerpo-conocedor; cuerpo y consciencia son para Merleau-Ponty dos aspectos de cierta presencia en el mundo... En este sistema circular es donde el sujeto corporal constantemente se remite al mundo percibido, donde la expresión se manifiesta, el cuerpo como lugar de encuentro entre sujeto y objeto y necesariamente un lugar donde otros se experimentan a sí mismos (Deschamps, 1995).

Así nuestro cuerpo que siente y es sentido se convierte en un cuerpo que tiene acceso a cierto conocimiento del otro gracias a la atención que prestamos a nosotros mismos en presencia-consciencia frente al otro. Y nosotros somos, como escribe Deschamps, "una estructura" en la cual "mi cuerpo y mi consciencia perceptiva están en un sistema circular y accesible desde ambos lados, entre el cuerpo y el mundo, y donde no puede haber existencia, ni sentido sin el otro. Así mi cuerpo, como el peso de mi consciencia perceptiva, es lo que me hace ser cuerpo que siente y es sentido entre los otros cuerpos" (Deschamps, 1995).

Insisto una vez más en que estas señales no tienen solo un medio para manifestarse: el cuerpo afectado por la situación. Son la consciencia corporal en su modalidad sensorio-*awareness* y la atención prestada al cuerpo en situación las que nos permiten conocerlo. Los sentimientos relacionados con nuestro funcionamiento interno y con la presencia del otro, lo emocional, imaginario, el recuerdo, la memoria, el pensamiento, el sueño, el ensueño... pertenecen al organismo y solo a través del cuerpo-consciencia a veces se nos revelan y se hacen explícitos, desde la consciencia inmediata implícita del campo. Este invisible traerá lo imprevisible al proceso, lo inesperado contenido en el *ya-ahí-aún-no-concientizado* (*cfr.* Deschamps, 1995).

Lector, te invito a releer ahora la viñeta clínica de este capítulo.

Meditación intersubjetiva e intercorporalidad

Aquí ofrezco, para ilustrar lo que precede y prepararnos para lo que sigue, uno de los experimentos que he propuesto durante mis tres seminarios en América Latina, y luego en muchos otros, en especial en cuatro seminarios impartidos en Colombia y en México al terminar de escribir este capítulo.

Primero se pide a los participantes centrarse en ellos, con base en prácticas que podríamos llamar *de plena consciencia* o de sensorio-*awareness*, o de meditación o aun de "terapia de concentración", a través del movimiento, la respiración y la atención enfocada en el cuerpo. Estar en la consciencia de sí a través del intermediario de la consciencia llevada al desarrollo de la experiencia en curso, primero solo y luego frente a otro.

Este experimento se basa en los conceptos de *awareness* y de *continuum* de la experiencia en el campo organismo-entorno. También tiene como objetivo permitir a cada uno experimentar su corporeidad. Es lo que llamo la *postura meditativa* en psicoterapia.

Después pasamos a una práctica de meditación intersubjetiva: cada uno continúa su meditación, pero esta vez frente a otra persona, con contacto visual, en la plena consciencia de sí frente al otro y del otro frente a uno.

Luego pasamos a una práctica psicoterapéutica experimental, entre dos, en presencia de otra persona, donde uno es el paciente, el otro el terapeuta —este último no conoce cuál es la demanda del paciente—. El paciente y el terapeuta están primero frente a frente, en silencio, y son invitados a llevar su atención a su experiencia interior frente al otro. Luego se le pide al paciente pensar en su problema del momento, en lo que él podría decir al terapeuta, y depositar eso en el pensamiento o en lo imaginario en el espacio entre los dos, sin mencionarlo en voz alta. El terapeuta recibe como consigna dejarse llevar y sentir lo que está sucediendo en él, en su cuerpo, su emoción, su imaginación, su pensamiento, y dejar llegar lo que se presente conectándose, por su presencia, su apertura, su pensamiento, su sensibilidad, al paciente y a su problema no expresado verbalmente.

Más tarde se le invita a abrir los brazos y las manos hacia el paciente, sin contacto físico, como para contener lo que está en juego en lo invisible. Después él comparte con el paciente su experiencia y sus sensaciones, y el paciente se permite sentir cómo eso resuena con su problema y su experiencia personal durante esta sesión experimental. Luego sigue un "diálogo terapéutico" basado en el intercambio de la experiencia vivida conjuntamente.

Seis puntos surgen de esta experiencia repetida numerosas veces:

- la sorpresa con la cual la mayoría de los participantes constatan la concordancia entre la experiencia del terapeuta y el problema del paciente, cuando no se había dicho nada al respecto. Alrededor de 95 por ciento de los terapeutas han presentido o captado el problema del paciente;
- la observación de que la experiencia fue muy terapéutica para los pacientes que pudieron profundizar en su problema, contactar emociones, recuerdos, tener *insights*, sin haber sido interrumpidos en sus procesos interiores por una palabra del terapeuta;
- el efecto sobre los pacientes de haber sido sentidos, comprendidos desde el interior del terapeuta, "sin tener que decir nada", "me adivinó y pude abandonarme y llorar";
- la importancia del silencio, mantenido durante alrededor de 20 minu-

tos, antes del intercambio verbal. "¡Entonces, podemos hacer terapia sin conocer el contenido!";

- la importancia de la postura del terapeuta, de su *estar-ahí*, en presencia del otro, de su disponibilidad sin expectativas, de su consciencia abierta, de esta actitud que consiste en dejar que el proceso se desarrolle al estar conectado con el otro, sin decir nada;
- el cambio de tono afectivo y energético en el ambiente grupal, más centrado, interiorizado, más ligero, más "espiritual".

Entonces, desde un punto de vista psicoterapéutico, la intercorporalidad no es una abstracción, es un proceso. Recordemos que la palabra *proceso* implica un movimiento en la temporalidad, con una intencionalidad. Este proceso podría resumirse y definirse de la siguiente manera:

- por lo que pasa de cuerpo a cuerpo, en lo invisible primero, y que busca hacerse perceptible a través de diferentes manifestaciones que afectan al terapeuta en su cuerpo y en su estado interior;
- por la consciencia que el terapeuta tiene de él gracias a su propia corporalidad comprometida en el proceso de contacto;
- por el apoyo que brinda al paciente en sus "momentos sensibles" para que despierte lo que está ahí, en él, manifestado pero no aún concientizado;
- por esta coafectación de cuerpo a cuerpo, donde la corporalidad de uno abre al otro su propia corporalidad en un movimiento de *va-y-viene*, creando así una circularidad de uno al otro;
- por la palabra encarnada del terapeuta que, en la situación, sirve de guion:
    - » entre la experiencia de uno y la del otro,
    - » entre la consciencia de uno y el invisible del otro,
    - » entre lo implícito y lo explícito.

Esta palabra encarnada continúa el movimiento de circularidad y lo completa al nombrar y dar significado a los elementos del *ya-ahí-aún-no-concientizado* que se manifiestan de cuerpo a cuerpo, revelados por la apertura de la consciencia.

Capítulo 10
La palabra encarnada

De la intercorporalidad, así como de los momentos de meditación intersubjetiva, surge una palabra encarnada, que viene del cuerpo de uno y el otro juntos en consciencia. Emana de "la carne de la relación". La llamo la *palabra preñada*. Está impregnada de la experiencia vivida, es una tentativa de la expresión por el verbo. "Preñada" en el sentido de que es fuerte, que marca, puntúa el proceso y le da sentido. Acompaña la historia de la coconstrucción de la relación, es la expresión sonora, vibratoria, verbal. Reconoce la sucesión de instantes presentes que se desarrollan durante las sesiones y nombra en qué y cómo están vinculados terapeuta y paciente, o evitan estarlo, son afectados uno por el otro. Es el verbo que se hace carne; es la carne de la relación que se hace palabra compartida.

Este es un tema importante para algunos psicoterapeutas: el de la revelación. ¿Qué revelar de sí al paciente? Levantar el velo... es una bonita metáfora. El velo es generalmente transparente, se puede ver a través de él, adivinamos las formas que se encuentran del otro lado. Cuando el *ya-ahí-aún-no-concientizado* no se ve todavía, comienza a perfilarse, es a veces el momento para que el terapeuta levante el velo con una palabra que va a explicitar lo que ya comienza a anunciarse, que va a acompañar la transformación de lo borroso en figura delineada.

Visualizo también el telón de un teatro que se levanta cuando los espectadores comienzan a estar impacientes y listos para entrar en el mundo del espectáculo y de los personajes, y que los actores, del otro lado, están habitados por el miedo escénico. En cada lado hay expectativa, emoción en este momento particular donde se está al borde de aparecer. El velo se levanta y comienza el proceso de *interpenetración*. Aparece entonces la decoración de la vida, sus personajes, sus travesías amorosas en la comedia, sus mitologías personales en la tragedia griega, sus problemas de incomunicación en Ionesco, el absurdo de la existencia en Beckett…

Ocurre que a veces los espectadores se reconocen, se conmueven, lloran, salen del teatro antes del final… como ya señaló Víctor Hugo: cuando el velo se levanta, hay terapia, catarsis a través de lágrimas y risas.

La palabra encarnada que proviene de la experiencia vivida

¿De dónde viene la palabra?

¿De qué lugares proviene la "intervención" verbal hecha por el terapeuta que utiliza la plena consciencia en el proceso terapéutico a partir de la postura fenomenológica? Durante una reflexión con mis colegas brasileños en Río de Janeiro, creamos una ficha pedagógica basada en la postura fenomenológica, para ayudar a los futuros terapeutas a comprender sobre qué se construye la experiencia del terapeuta y de qué lugar de la experiencia proviene la palabra: cada verbo, cada característica de su postura son portadores de una posible palabra. Lo que surgió fue una cadena asociativa de verbos:

- observar, escuchar, sentir, captar, comprender, plantear hipótesis, llevar su atención a sí mismo en presencia del otro. Es lo que llamo estar en *una escucha global de campo*, basada en una apertura de los sentidos y sobre el proceso de concientización *awareness-consciousness* como soporte de la palabra;
- poner en palabras lo que surge en la experiencia del terapeuta a partir de uno u otro de los verbos precedentes, de manera muy simple, con un vocabulario de la vida cotidiana adaptado al vocabulario del paciente, a través de una formulación abierta y sin preguntas: "Cuando me dices esto, tengo la impresión de que tu voz cambia de tono… Déjate sentir lo que aparece… Lo que yo comprendo de eso que tú me dices es…";
- esperar, estar en silencio, apoyar la reacción ante la palabra del terapeuta, nuevamente adentrarse en la escucha global;
- revelar (para el terapeuta) algo de su experiencia en la situación "Cuando tú me dices esto (reformulación), me llega una imagen, tengo deseos de compartirla contigo… si tú me dejas… déjate sentir si esto resuena en ti…";
- aceptar lo que es, sin juzgar, sin interpretar;
- recibir la palabra del paciente, escuchar, sentir, captar;

- permitir que surja un diálogo terapéutico de la corporalidad de uno con el otro conjuntamente;
- tener confianza...

No hay un orden cronológico. Voluntariamente pongo estos verbos en infinitivo (en el sentido habitualmente dado a la palabra: que permite expresar una acción de manera indeterminada) para indicar claramente que la postura de donde viene la palabra es activa y abierta: moviliza el *estar-ahí* del terapeuta en relación, incluso cuando se trata de no decir nada, de quedarse en silencio, de esperar, de soltar.

En gran parte, la palabra del terapeuta busca poner en palabras la experiencia vivida cuyas manifestaciones pasan por el sentir y la intercorporalidad (véase el capítulo 9). Así, se pueden mencionar:

- elementos de su propia experiencia, en la situación terapéutica frente al paciente o al grupo;
- elementos de lo que ve, huele, capta del paciente, al mismo tiempo que este cuenta su historia;
- lo que presencia y observa de su experiencia común: "Tengo la impresión de que lo que vivimos uno frente al otro en este momento es...", "lo que caracteriza nuestra manera de estar juntos es...".

Esta palabra debe llegar en el momento adecuado, el arte del psicoterapeuta es sentir qué, cómo y cuándo decirlo. Uno de los indicios importantes para hablar, incluso si se trata de una intervención más cognitiva, es que emane de la experiencia del terapeuta en relación o de la experiencia común. Es el arte de la revelación.

Diferentes tipos de intervenciones

Distintas formas de intervención verbal operan en la relación terapéutica, dependiendo de los ritmos e instancias en los cuales el terapeuta aporta su apoyo al proceso en curso. Aquí menciono, como una paleta diversificada, algunos ejemplos de intervención del terapeuta:

- el que apoya el *awareness* del paciente, su vivencia corporal, sus emociones, sus estados interiores, la toma de consciencia de lo que está ahí: "Déjese sentir la emoción que llega justo cuando me dice que no es fácil para usted, mujer, confiar en mí que soy hombre";
- el que da apoyo al proceso vivido y a su desarrollo: "Continúe adelante con lo que viene... Sin tratar de comprender...";

- el que revela al paciente un elemento de su vivencia de terapeuta en la situación presente: "Siento una gran ola de tristeza que me invade cuando usted me cuenta esto, ¿cómo le suena a usted lo que acabo de decir?" o "Lo escucho y me llega la imagen de tierra roja y muy seca. ¿Eso le evoca algo?";
- el que significa que el terapeuta capta alguna cosa que pasa de cuerpo a cuerpo: "Cuando usted me dice eso, tengo una tensión que me llega desde los hombros… ¿Eso le evoca algo?";
- el que usa lo que proviene del contenido, que explica, reformula, busca saber más: "Si comprendo bien, usted me dice que vive un momento muy difícil con su pareja, y que usted tiene miedo de una separación, ¿puede decirme más sobre lo que usted vive?, ¿hace cuánto tiempo que están en pareja?";
- el que refleja lo que está ahí, de manera fenomenológica, sin juicio ni interpretación: "Usted me habla de su pareja… Observo al mismo tiempo que el tono de su voz cambia, su mirada va hacia abajo…";
- el que refleja los elementos presentes en la relación terapeuta-paciente:

  T: Usted me dice que tiene miedo de tratar con su marido algunos puntos que no le gustan en su relación… usted me deja entender que es difícil para usted venir a terapia…

  P: Sí, es cierto… es siempre así…

  T: Imagino que podría ser la misma cosa conmigo… que usted tiene quizá miedo de tratar algunos temas.

  P: Sí… usted es hombre…
- el que nombra lo que el terapeuta capta del campo: "Tengo la impresión que desde que me dijo esto, la atmósfera es mucho más ligera. Y usted, ¿qué siente?";
- el intuitivo, completamente inesperado que surge por sorpresa para el terapeuta: "¿Quién murió? (Intervención que un día surgió de mi boca de manera inesperada, como más rápidamente que yo, frente a un joven africano que me hablaba de sus fobias).

  Después de esta intervención-sorpresa, espontáneamente, él me contó la muerte de un compañero de su clase cuando tenía 12 años. Luego fue acusado de brujería, porque ese día no fue a la escuela y las dos familias no se entendían, y jamás había hablado de eso;
- el que llega de corazón y que expresa benevolencia, compasión: "Estoy muy conmovido por el hecho de que usted se atreva a com-

partir esos momentos difíciles conmigo, siento mucha ternura en este momento por usted".

Y aún habría muchos más tipos de intervenciones.

La intervención tiene sentido si se siente, si viene de la carne del terapeuta y de la relación. Es un acto íntimo de compartir, de benevolencia, de amor. Es un compartir el pan que hemos amasado y se levanta gracias a la levadura de la consciencia. Es a veces como una caricia que viene a acompañar y sostener el proceso, a veces como una melodía que toca el alma, a veces como un chasquido que despierta y hace salir de una especie de entumecimiento.

El terapeuta: Portavoz del campo

Como formador y supervisor, constato que algunos psicoterapeutas han desarrollado cierta habilidad para sentir, para estar en la consciencia de su experiencia con el paciente. Con frecuencia, sin embargo, son tímidos al usar lo que sienten como fuente de información, como expresión de la globalidad "campo organismo-entorno", como elementos para volver a poner en circulación. No se atreven a utilizar sus sentimientos que se manifiestan en su materia corporal como herramienta clínica: "no me atrevo... ¡No puedo decirle eso!... No estoy aquí para hablar de mí... es proyección... No va a soportarlo... Va a irse..." Es el tipo de reacciones que escucho, también respaldadas por una introyección aún más fuerte: el terapeuta no habla de él al paciente.

Estos temores los mantienen en el paradigma individualista y pueden dificultar el proceso terapéutico en su dimensión relacional. Desde una perspectiva de campo, el terapeuta es el portavoz del campo, no es a él personalmente a quien revela, es lo que del campo pasa por él, se manifiesta en su corporalidad y es consciente a través de la apertura de su consciencia. Depende de él volver a ponerlo en circulación de manera clara.

Ciertamente es necesario ser prudente. Esto supone que el psicoterapeuta ha integrado los diferentes puntos de vista que siguen:

- el paradigma de campo con sus principios (véase el capítulo 9). Principios de organización, intencionalidad, de fuerzas en presencia, de corresponsabilidad, de circulación de informaciones, de cristalización, de "todo tiene un sentido en el momento en que ocurre", de inteligencia, de "el todo es más que la suma de las partes";
- el hecho de que la globalidad nos interesa tanto como el individuo;

- que lo que ocurre para uno o para el otro pertenece al proceso, a la coconstrucción de la relación, al *ello* de la situación;
- que, cuando el terapeuta revela al paciente algo que hace consciente a partir de la apertura de sus sensaciones y de la consciencia, lo que revela les pertenece a los dos, a la situación, y pasa por él;
- que la perspectiva de campo se basa en el principio de circularidad o de multidireccionalidad, para retomar los términos ya utilizados,
- y que, por hipótesis y en virtud del principio de "contemporaneidad", lo que aparece aquí y ahora tiene un sentido en y para el proceso, y que es el momento de encontrar una manera adecuada de restituirlo al paciente. Esto habla de un compromiso en el proceso, un compromiso coherente con sus supuestos teórico-clínicos, su ética y su sensibilidad;
- si el paciente no toma la información, no la reconoce inmediatamente, no es grave, se puede pasar a otra cosa… regresará de él mismo si la información era correcta.

El arte de la revelación

¿Qué, cuándo y cómo revelar?

¿Qué? Se trata de información que nos es dada por el proceso de concientización. Son los contenidos de la consciencia. Esto supone que el terapeuta esté centrado al mismo tiempo en el paciente y en sí mismo y en la relación, mientras está en una especie de atención flotante, y que está atento a sus sensaciones corporales, a sus fluctuaciones emocionales, sus estados interiores, sus movimientos de energía, sus imágenes, sus pensamientos, sus cortes con el contacto, sus intuiciones… porque es el material a partir del cual se construirá la revelación que dará sentido a sus manifestaciones, a la circularidad y que se abre a la elaboración.

El cuándo me parece relativamente simple. Si nos apoyamos en el principio de campo que dice que todo tiene sentido en el momento en que ocurre, podemos plantear la hipótesis de que el terapeuta está listo a revelarse en un futuro cercano. Personalmente, es la observación de mí mismo en esta secuencia y la aceptación de lo que me ocurre, los que me dan los indicios. Si la manifestación es solo pasajera, me mantengo prudente. Si dura, se amplifica, cambia de forma, ocupa todo el campo en mi espacio interior, entonces la revelo, aunque solo sea para estar disponible nuevamente.

El cómo es más complejo, es un arte encontrar las palabras justas para recircular la información recibida hacia el paciente: ¿debemos decir todo acerca de nuestra experiencia como terapeuta o encontrar la actitud correcta para que la palabra surja de la misma actitud, del paciente, partiendo del momento en que el terapeuta se ve afectado por el campo informado y es plenamente consciente de eso? Mis intentos de intervenir durante varios años, mis investigaciones de cómo formular las intervenciones, mis observaciones clínicas y la correflexión en numerosos seminarios de formación y de supervisión me llevan hoy a vislumbrar los siguientes tres tipos de intervención posibles.

La verbalización indirecta de la información

Es la que utilizo con mayor frecuencia. Identifico dos maneras indirectas de volver a poner la información en circulación: la que nombra explícitamente y la que restituye la información a través del pensamiento.

La manera indirecta que nombra

He aquí una ilustración: esta mujer me habla de todo y nada con cierta indiferencia. De pronto estoy habitado por asombrosos fantasmas sexuales, en los cuales no me reconozco, trato de poner distancia, ya que los juzgo muy inconvenientes e inapropiados. Estoy sorprendido y en desequilibrio. El *ello* se impone, al punto de que ya no la escucho. ¡No puedo aún revelar los fantasmas que me habitan en ese momento! Entonces entro internamente en este proceso que consiste en verme y aceptarme con lo que me ocurre, y planteo una intervención inspirada en el método indirecto. Reformulo lo que ella me dice y agrego: "Estoy sorprendido por lo que llega ahora y que no parece tener nada que ver con lo me dices, es la palabra sexualidad".

Esta intervención no provoca ninguna sorpresa en ella, al contrario, tiene un fuerte efecto sobre ella y le permite decirme que ella estaba habitada con frecuencia por fantasmas sexuales concernientes a su relación con los hombres, que ella no había hablado jamás con nadie porque "eso no se dice", y mi sorpresa fue escuchar que sus fantasmas eran muy similares a los que habían pasado por mi cabeza un poco antes. Entonces pudo abrir un gran capítulo de su vida que permanecía secreto.

En general, la información recibida por el terapeuta y regresada al paciente de esta manera indirecta, nombrando lo que llega con una palabra que recapitula y es general o por una imagen, toca y abre algo del fondo que trataba de surgir y que se convertirá en figura. Muchas veces he escuchado esta reflexión: ¿Cómo lo sabía usted?, o "Es exactamente eso, pero no sabía cómo decirlo". La palabra del terapeuta proviene de su experiencia corporal explícita y del *ya-ahí-aún-no-concientizado* que está en la franja entre el consciente y el no-consciente. Si planteamos la hipótesis de que el campo terapeuta-paciente contiene informaciones depositadas por uno y otro que todavía no son explícitas, la información captada por el terapeuta y devuelta al paciente va a ser inmediatamente reconocida por este. El terapeuta es el portavoz de lo que capta del campo. Lo que provoca con frecuencia una especie de excitación en uno y otro, y de liberación y apertura de la palabra en el terapeuta.

La manera indirecta que no nombra

En este caso, el terapeuta siente algo muy fuerte y decide no decir nada por el momento, ya que piensa que eso sería prematuro. Pero pone la información que ha recibido en el espacio entre él y el paciente a través de su pensamiento o mediante una especie de visualización silenciosa. La sola consciencia, de parte del terapeuta, de su sentir o de su imagen ligada con el paciente en el aquí y el ahora de la sesión es ya una puntuación en el proceso; su intención de poner eso entre ambos es una especie de intervención en el campo que se apoya sobre el principio de circularidad. Al estar plenamente consciente de su experiencia y depositarla en el espacio terapéutico, comienza a restaurarla. Entonces el *self*, como "fuerza impulsora" y "agente integrador", hará su trabajo (véase el capítulo 2)

En concreto, en mi manera de hacer, observo el espacio terapéutico, al paciente, el espacio entre los dos. Deposito al centro mis sentimientos, mi emoción, mis imágenes y respiro. He aquí un ejemplo: estamos en el tercer encuentro con el paciente. Las imágenes de violencia me pasan por la mente y me afectan profundamente. Estoy sorprendido, ya que no veo la conexión entre esas imágenes y los contenidos del relato que me hace. No digo nada, ya que estamos al comienzo de la terapia, pero acepto estar afectado y deposito entre los dos la palabra "violencia" y el afecto que siento. El paciente continúa su relato y la sesión finaliza. Llega la semana siguiente y me dice que tuvo un sueño. Lo siento molesto. Termina por contármelo. Es un sueño en el cual hay mucha violencia. Comienza entonces a contarme las violencias que sufrió cuando era niño y en las que aún está involucrado. La violencia era el tema de fondo de toda su terapia.

La verbalización directa de la información

Se trata de revelar directamente al paciente lo que siente el terapeuta, ya sea porque es visible o porque la alianza terapéutica es lo bastante buena como para que el paciente pueda entender cómo el terapeuta se ve afectado directamente por lo que ocurre entre ambos, existe cierta complicidad. Este paciente me cuenta sobre su vida en pareja y su relación con las mujeres:

T: Al mismo tiempo que usted me cuenta esto, me siento habitado por una ola de tristeza... tengo la imagen que me viene de un niño pequeño muy triste... Esto que yo siento ahora, ¿le evoca algo?

P: Sí... veo que se le saltaron las lágrimas, eso me conmueve mucho... me siento triste... hay un viejo recuerdo que me regresa cuando yo lo veo con mi emoción...

T: Mi emoción.

P: Me doy cuenta del lapsus (llora). Su emoción es también la mía.

Me cuenta el recuerdo de él, cuando era un niño pequeño, llorando y rezando, escondido detrás de la casa, cuando su madre acababa de ser hospitalizada y tenía miedo de que muriera. Durante la siguiente sesión, me dirá hasta qué punto verme con emoción había sido para él un apoyo para recontactar con ese recuerdo difícil y, sobre todo, hasta qué punto le había hecho bien, como si se sintiera menos solo. Y agregó: "Hay menos estrés con mi pareja... quizá porque regresó este recuerdo".

En este ejemplo, como en la propuesta anterior, la frase "¿Esto que yo siento le evoca algo?" es importante. Deja la posibilidad al paciente de decir que eso no le evoca nada y rechazar mi proposición. También le permite a veces encontrar sus palabras para entrar en consciencia de lo "ya ahí" próximo del consciente que todavía se le escapa.

PALABRA DIRIGIDA, ¿A QUIÉN: AL PACIENTE O AL SUPERVISOR?

Esta reflexión nos conduce a distinguir tres tipos de afectación en el proceso concerniente al terapeuta y, en consecuencia, tres fuentes posibles de palabra. Pero ¿dirigida a quién?, ¿al paciente?, ¿al supervisor?, ¿a ambos?

La afectación del contenido

Cuando el paciente relata algo doloroso, el terapeuta se siente afectado por el otro y por lo que a este le ocurre. El ser humano que es, puede verse afectado naturalmente por el relato que el paciente le hace desde que llega. Es suficiente constatar y estar vigilante para no identificarse en exceso con el paciente y su historia, sobre todo si hay una fuerte resonancia por eventos similares… es también importante hablarlo en supervisión.

La afectación en la relación

Cuando el terapeuta se ve afectado por lo que pasa entre su paciente y él, esta forma de reacción puede proporcionar información sobre lo que, en la historia del paciente, se está actualizando en el proceso. Pero también puede ser una manifestación contratransferencial a partir de lo que, de la historia del terapeuta, se reactiva en el aquí y el ahora. El terapeuta debe entonces estar alerta y llevar esto a trabajar en supervisión. Sin embargo, incluso si esta afectación toma mucho lugar, se inscribe en lo que pasa entre ambos en este momento del proceso y encuentra su origen en el fenómeno de resonancia. La supervisión, por lo tanto, es importante para que la intervención del terapeuta no sea una intervención con mucha reacción o defensiva vinculada a lo que, según su historia, surge a la superficie. Algunas veces ciertas intervenciones son intelectualmente correctas y hechas en el momento adecuado, pero el tono de voz o el vocabulario utilizado pueden manifestar una reacción de contratransferencia, provocar una ruptura en el acto de "contactar" y afectar la alianza terapéutica y la confianza.

La afectación que viene del campo informado-informante

Se trata aquí de lo que hace irrupción en el terapeuta y que parece estar fuera de sintonía con lo que está sucediendo en ese momento. Es el sentimiento, la imagen, el pensamiento, el recuerdo, la fantasía que con frecuencia vive en el terapeuta, algunas veces se impone y lo deja sin la sorpresa, quizá incluso incómodo, y lo lleva a poner distancia o a un rechazo. Suele ocurrir con esta reacción: "Esto me pertenece y no puedo poner esto en la relación". Si el terapeuta tiene muchas dudas, entonces debe tratarlo antes en supervisión. Regresará de una manera u otra al proceso terapéutico.

Si sucede ahí, es que la "cosa" tiene un sentido en el proceso, incluso si "esto me pertenece", un poco o mucho.

Todo lo que sucede es pertinente en el momento en que ocurre. Se supone que el psicoterapeuta ha realizado un trabajo profundo sobre sí mismo para reconocer que eso le pertenece en parte, para observar y apoyarse en el principio de resonancia, decirse: "Estoy habitado por elementos del *ello* de la situación que son parte de uno y del otro, que están en resonancia y se manifiestan en mí de esta manera". Se necesita una gran presencia personal, haber desarrollado al observador interior y la confianza en el proceso. Los creadores de la terapia Gestalt utilizan la palabra *"fe"* en el proceso; esta palabra hay que tomarla sin ninguna connotación religiosa.

Este tipo de evento merece que nos detengamos porque provoca sorpresa, desequilibrio, ruptura momentánea en la presencia del terapeuta. Podría verse como un momento sensible que se impone al terapeuta (véase el capítulo 7). En la perspectiva de campo, el terapeuta se siente afectado por la información que en él se deposita y que está en espera de ser divulgada. ¿Y quién puede hacerlo sino el terapeuta mismo? La palabra del terapeuta, en ese momento del proceso, trata de ser el reflejo de lo que está flotando en el campo, en espera de ser revelado, y entonces él está informado por el hecho de que él está en la atención plena de su experiencia conectada al campo.

Si no se siente seguro, entonces es preferible que lo comente en supervisión antes de adentrarse en la revelación. El discurso dirigido al supervisor y su propio discurso a cambio son los terceros que verticalizan la divulgación del terapeuta y por el terapeuta.

Palabra encarnada, palabra de corazón. Es necesario amar al otro, amar lo que hacemos, amar ser aventureros de lo humano y de la consciencia para acompañar a nuestros pacientes.

Estamos en la creación de un diálogo terapéutico que pasa por el corazón, en sentido literal y figurado: la palabra encarnada del terapeuta es una palabra amorosa y generosa, abre la del paciente que se reconoce en algo que él no puede todavía decir. Estamos en la circularidad. La restitución por parte del terapeuta termina un primer ciclo de circularidad y abre el campo de consciencia del paciente, su palabra, su emoción, su corazón. Lo que se ha hecho figura para el terapeuta, viniendo del campo informado-informante, se hace entonces figura para el paciente. Y esta coafectación utilizada como herramienta clínica contribuye a la cocreación de la relación a partir de la corporeidad y la intercorporalidad.

Lo sensorial contiene significados. Incluyendo los sentidos que tiene estar frente al otro en este momento con lo que aquí está sucediendo, para ser colaboradores en el acto de estar juntos, en existir, en existir juntos, en la apertura del corazón.

Me habló así. / Sus palabras eran como manos. / Quien acarició no mi piel, sino la vida de mi piel; / ni mis oídos, ni mi espíritu; / sino la noche de mi cuerpo donde estaba otra persona (Gougaud, 1995).

Capítulo 11
La empatía: Un fenómeno de intersubjetividad

La noción de *intercorporalidad* invita a pensar la empatía de una nueva manera y a revisar el enfoque, llamado en Francia *enfoque centrado en la persona*.

En la lógica de la relación comprendida como un campo y nutrida por la intercorporalidad, la empatía es un fenómeno intersubjetivo en el cual las dos personas están comprometidas por el intermedio de sus cuerpos que están en interconexión; concierne a la díada terapeuta-paciente, porque emana de su campo común.

Ya revisamos la posición de Brunel y Martiny en el capítulo 9, quienes presentan la empatía como "un proceso esencialmente intersubjetivo, marcado por la reciprocidad, la intercorporalidad y la intersubjetividad" (Brunel y Martiny, 2004). Resulta que dos colegas, Lyne Preston y Staemmler, también entienden la empatía a partir de dos conceptos muy cercanos a la intercorporalidad. Staemmler, terapeuta alemán de la Gestalt, escribió un artículo publicado en francés en 2012 titulado: "Quelques idées neuves pour un concept d'empathie" (Staemmler, 2012). Y Preston, psicoanalista intersubjetiva estadounidense: "En la franja de la consciencia" publicado en 2014. Sus dos artículos, así como el mío sobre la intercorporalidad, fueron publicados en la revista francesa *Cahiers de Gestalt-thérapie*. Este capítulo se basa en gran medida en estos.

Estos tres textos expresan a su manera la importancia dada al cuerpo, a la consciencia de experiencias corporales en relación con el otro y al *awareness* en el desarrollo de la empatía y en la coconstrucción de la relación. Mi objetivo es dar a los terapeutas una visión intersubjetiva de la empatía e ir más allá de la visión clásica del "enfoque centrado en la persona", que remite al paradigma individualista.

En este capítulo presentaré rápidamente las ideas de Staemmler y Preston, y luego las vincularé con el concepto de *intercorporalidad*. Después, expondré mi manera actual de concebir la empatía, basada en las ideas de estos autores. Por último, exploraré cómo la empatía, motor del proceso relacional y fenómeno de *cuerpo-a-cuerpo*, da sentido a lo que llamo *la tercera historia* y abre a la pregunta de la *tercera piel*.

"Encuerpopatía" y encarnación de la empatía

Poner la empatía en su lugar correcto

Estoy agradecido con Staemmler por haber rehabilitado el concepto de *empatía* en terapia Gestalt y haber buscado darle una definición gestaltista intersubjetiva. Personalmente, estaba inmerso en el ambiente que caracterizó la primera etapa de la Gestalt francesa y era muy desconfiado respecto al concepto de *empatía*, incluso lo rechazaba. Staemmler recuerda: "La concepción de Perls era que la empatía favorecía la confluencia, es decir que desdibuja los límites ("fronteras") entre sí y el otro…" (Preston, 2014). Staemmler cita a Perls, quien escribía en 1973:

> No puede haber un contacto verdadero en la empatía. En el peor de los casos, se convierte en confluencia [y agrega] la empatía era una especie de identificación con el paciente que excluía al terapeuta del campo y, por lo tanto, excluía la mitad del campo. En esta concepción de empatía, el interés del terapeuta se centra exclusivamente en el paciente y sus reacciones (Staemmler, 2012: 181).

Debo decir que no me he sentido nunca de acuerdo con esta visión de empatía.

Encarnación de la empatía

Para tratar de definir la empatía, Staemmler se refiere al hecho de que la persona empática está comprometida físicamente con otra en el proceso relacional. Intenta probar esta "encarnación" de la empatía a partir de cuatro puntos de vista:

- la investigación en psicología, en particular los estudios sobre la "sincronía mimética", que es una respuesta natural y automática a la experiencia de estar con otro y no una tentativa de imitación consciente y deliberada (Staemmler, 2012: 190);
- la filosofía fenomenológica; en referencia a Merleau-Ponty (2005) y la fenomenología de la percepción. Staemmler escribe: "La comunica-

ción y la comprensión de los gestos se obtiene por la reciprocidad de mis intenciones y de los gestos de los demás, de mis gestos y los gestos legibles en la conducta de los demás. *Todo sucede como si la intención de otros habitara mi cuerpo o como si mis intenciones habitaran el suyo"* [cursivas en el original];

- el concepto *Einleibung* del fenomenólogo alemán H. Schmitz —*Ein* significa "en", *Leib* "el cuerpo vivido" y *ung*, terminación de palabra, expresa un proceso activo—. Este término derivado de *Einfühlung*, que es la palabra alemana para empatía, se refiere al cuerpo movilizándose y reaccionando en función del cuerpo del otro. Ejemplo: si usted está fascinado por un acróbata de circo, "sentirá, una y otra vez, sus músculos efectuar movimientos similares de manera sutil" (Staemmler, 2012: 191);
- las neurociencias y en particular el descubrimiento de las neuronas espejo; cuando vemos que alguien se mueve "aunque no reproducimos realmente la acción observada, nuestro sistema cerebral motor se activa como si nosotros estuviéramos ejecutando esta misma acción que observamos" (Staemmler, 2012).

En conclusión, para él, la empatía es un fenómeno en el cual los dos cuerpos están directamente involucrados y sensibles uno respecto al otro. Esto se desarrolla en la situación terapéutica como un evento social, en el cual el estado de espíritu de cada uno se amplía al estado del espíritu del otro, "es un estado ampliado de consciencia en díada". Este estado de consciencia no puede reducirse a la consciencia de cada participante tomada por separado. Es el ser en consciencia juntos lo que permite esta ampliación de la consciencia en la díada hasta crear lo que llamo *consciencia común*, a partir de la cual la empatía se desarrolla como un fenómeno relacional psicocorporal.

Sentido corporal y empatía

De lo implícito a lo explícito

Agradezco a L. Preston, psicoanalista estadounidense intersubjetivo, por traducir a través de su pensamiento y sus palabras lo que los terapeutas gestálticos relacionales podrían expresar con sus propias referencias. Se basa en el concepto de *sintonía empática*, que viene de la psicología del *self*, en particular de Kohut, retomado por Stern, con el concepto de *sintonía afectiva*. Según esta, como terapeutas, "buscamos ampliar nuestra consciencia en la dirección del conocimiento implícito".

Esta sintonía se interesa en lo implícito contenido en el proceso terapéutico, así como en el paso de lo implícito a lo explícito. Se plantea la siguiente pregunta: ¿Cómo hacer surgir en el campo de la consciencia inmediata lo que ya está ahí implícitamente contenido en el campo, lo que he denominado en capítulos precedentes *el–ya-ahí-aún-no-concientizado*? Es el "sentido corporal" lo que permitirá ese paso. Lo que es interesante no son los contenidos, sino la aventura humana que va a desarrollarse entre dos seres humanos a lo largo del proceso, en el fondo del contenido y la capacidad de desarrollar el "significado corporal". Es esta aventura humana la que llamo *tercera historia*, la cual se desarrollará sobre el fondo de dos cuerpos en presencia y en consciencia.

Esta aventura humana es lo que los psicoterapeutas relacionales podrían llamar la *coconstrucción* de la relación. Se construye a partir de experiencias corporales y emocionales uno frente al otro, por el hecho de identificar las características y fluctuaciones de estar juntos, de hablar y de hacer el análisis.

La realidad corporalmente palpable de lo que está emergiendo

Preston toma prestada la expresión del sentido corporal de E. Gendlin (1981), creador del *focusing*, según el cual "trabajamos con algo más que nuestros pensamientos y emociones". A través la noción de *sentido corporal*, tratará de comprender su naturaleza:

> Cuando estamos sintonizados empáticamente, en la misma longitud de onda, y resonamos con la experiencia de nuestros pacientes, hemos aprendido a ser conscientes no solo de las palabras o su contenido o incluso el lenguaje del cuerpo y de la información no verbal, sino también de la atmosfera, el tono emocional, las sensaciones corporalmente sentidas que están presentes en el campo intersubjetivo. Buscamos la realidad palpable de lo que emerge… (Preston, 2014: 48-49).

Como hemos visto, esta realidad palpable se manifiesta a través del cuerpo; por nuestro "*ser-cuerpo-terapeuta*" o por el "terapeuta corporeizado" que somos y por la consciencia que tenemos de lo que está ocurriendo en el paciente cuando estamos en sintonía empática con él o existe un desfasado. El sentido corporal se refiere "a lo que emana de nuestra experiencia profunda", en su dimensión corporal, pero también imaginaria, ya que mediante el sentido corporal nos llegan las imágenes. Así, la sensación, la experiencia corporal íntima, la imagen desencadenada por estar juntos conscientemente, contendría lo implícito en el proceso de labrarse un camino para surgir a la superficie de la piel, luego para darse a conocer a través de la atención puesta en la experiencia y la consciencia inmediata, hasta poder decirse a través de las palabras y elaborarse mediante un diálogo terapéutico espontáneo y enraizado en el sentido corporal.

> Lo implícito es un conocimiento desconocido que ocurre en nuestro cuerpo. Cuando escuchamos el sentido corporal, nuestro cuerpo registra las zonas de significados complejos y desorganizados que provienen del campo intersubjetivo. Nuestro cuerpo es el lugar de interacciones entre lo que se dice con palabras y lo que se pone en imágenes; el cuerpo actúa como un radar conectado con el ámbito implícito (Preston, 2014: 57).

Por esta razón las manifestaciones desfasadas, a veces experimentadas físicamente por el terapeuta, son tan importantes como las manifestaciones en sintonía; podemos plantear la hipótesis de que son estos momentos en los que el terapeuta tiene conocimiento, a través de su experiencia íntima, de lo desorganizado o de la desorganización interna del paciente.

Remito al lector al capítulo 7 sobre intercorporalidad y más precisamente a la parte que trata de la meditación intersubjetiva introducida en el proceso terapéutico. En efecto, esta práctica permite que surjan elementos de lo implícito en el campo terapéutico que pueden depositarse en el cuerpo sensible del terapeuta y, por lo tanto, hacerse conscientes, restaurarse y volverse explícitos.

La incubación por el terapeuta a la luz del florecimiento de lo implícito

Preston no utiliza la palabra *awareness*; sin embargo, se trata de eso. Podríamos definir el sentido corporal como la postura del terapeuta *aware* que cultiva su capacidad de seguir su experiencia vivida en sus dimensiones corporales, emocionales, imaginarias y mentales relacionadas con el paciente. Sin tratar de entender, sin poner prematuramente en palabras lo que está sucediendo, sin interrumpir la gestación de lo que busca eclosionar con una pregunta, en la lentitud que requiere un proceso de eclosión, con amabilidad y curiosidad por lo que sentimos que sucederá, pero que solo conoceremos en el momento que ocurra. Me viene una imagen de mi infancia campesina: los huevos de la gallina ponedora tardan 21 días en romper, deben mantenerse calientes y protegidos durante todo ese tiempo para que la vida brote del germen que cada uno contiene. La gallina madre está súper atenta al proceso de incubación y eclosión, es feroz ante todo lo que la perturbe y se aleja del ajetreo del corral.

El sentido corporal permitiría acceder a lo que Merleau-Ponty llama *el cuerpo sensible* y a la intercorporalidad. Contendría el germen de lo *aún-no-concientizado* que busca aparecer y romper el caparazón que lo mantiene invisible.

La experiencia sentida a medida que se desarrolla, a medida que el *ello* impulsa lo implícito a lo explícito, presenta ciertas características que a menudo he experimentado durante las sesiones. El terapeuta, presente con su "cuerpo sensible", capta las micromanifestaciones que pasan a través suyo y que afectan su estado interno. Cuando lo implícito —utilizo a veces la palabra "invisible", que se refiere a la percepción— trata de emerger, vive una experiencia particular. Algunas veces se encuentra en una especie de confusión porque está en la franja de lo desconocido, en la duda, en una especie de incomodidad o de ligera excitación, o en el umbral de un estado febril sin razón aparente. Otras veces pierde su capacidad de pensar, de comprender, se vuelve pesado, somnoliento, confuso, discordante, vacío, como si los elementos de lo *ya-ahí-aún-no-concientizado* empezaran a infiltrarse en su cuerpo, en su estado interno, en su pensamiento, poniéndolo en un estado de incertidumbre, de desequilibrio, de sentimiento de ya no comprender nada de lo que ocurre. Es palpable, es evidente, "nosotros" sentimos que algo ocurre, "nosotros", un indefinido de nosotros mismos, una ausencia puntual del yo, una pérdida de control, de puntos de referencia, que hace que el "nosotros" no llegue aún a comprender ese algo que trata de surgir. Es importante atravesar este periodo de confusión sin intentar cortarlo en un intento por expresarlo en palabras o con una pregunta innecesaria planteada al paciente como para tratar de escapar de este estado de incertidumbre y angustia que puede causar.

Así, la empatía podría entenderse como aquello que emerge del sentido corporal en la relación terapeuta-paciente y que permite al terapeuta entrar, gracias a su propia consciencia corporal, en una experiencia íntima, profunda, conectada a la de su paciente. La empatía se convierte en el espacio de transición entre los dos mundos: el explícito y el implícito, pero también entre el mundo interno del paciente y el del terapeuta, entre el no-contacto y el contacto pleno. Es el vínculo entre uno y otro en el campo constituido por el encuentro terapeuta-paciente.

Psicoterapia relacional y empatía

El sentimiento del cuerpo o *encuerpopatía, sentido corporal* e *intercorporalidad*, tres conceptos que se unen, que ubican en primer plano la importancia del cuerpo y de la consciencia corporal en la empatía como base de la cocreación de la relación terapéutica. Así, el terapeuta consciente de esta complejidad *corporal-relacional-afectiva-emocional-energética*, de este entrelazado posible en algunos momentos en su campo común, acepta comprometerse con toda su humanidad y una cierta entrega de sí, incluso en su carne, para realizar un vínculo con su paciente y convertirse en actor en la cocreación de su campo común marcado por la corporeidad de uno y otro.

A la luz de estos tres conceptos, propongo a los lectores mis reflexiones actuales para dar a la empatía toda la dimensión intersubjetiva, con 10 características:

- *es un proceso*, es decir, un movimiento en el que las manifestaciones corporales y afectivas siempre cambian. No me parece un estado estable, adquirido de una vez por todas, que nos llevaría a pensar que, dado que somos terapeutas supuestamente conscientes y presentes, por definición seríamos empáticos durante todo el proceso;
- *es un proceso de cuerpo a cuerpo en consciencia*, como soporte de la construcción de la relación, que da acceso al terapeuta a un sentir que, al mismo tiempo que le pertenece, es un "como si" del otro y que nosotros podemos ver igualmente como un fenómeno de campo;
- *es un proceso de cointimidad*, el sentido corporal permite al terapeuta tener acceso a las manifestaciones de ciertos elementos que pasan de uno a otro en el campo relacional, en su propia experiencia, en sus diferentes formas: sensorial, corporal, emocional, imaginario, aparición de recuerdos personales, mental. La cointimidad se basa en el intercambio, la resonancia, la cosensibilidad a lo que sucede primero a nivel no verbal;
- *es un proceso de coafectación*, lo que supone que el terapeuta ha desarrollado su capacidad de abrir sus canales sensoriales e intuitivos, su "multicanal", así como cierta disponibilidad de captar, sentir y concientizar los elementos de lo que ya está implícito, al margen, pero aún no revelado;
- *es un proceso de circularidad*, el *ello* circula de uno al otro, lo que permite a los elementos del *ello* de la situación pasar por el terapeuta a efecto de que los sienta, los concientice plenamente, para volver a ponerlos en circulación restituyéndoselos al paciente a través de una revelación clara. Esto que emerge, cuando se revela de forma adecua-

da al paciente, en el momento preciso, le permite tomar consciencia, explicitar y elaborar algo en su vida interna que hasta entonces no le quedaba claro;

- *la empatía es mutua*, esto supone que el paciente también sea empático, esté atento al terapeuta, que descubra y acepte que su terapeuta se ve afectado por él y que acepte que esa influencia utilizada de manera clara los pone en mutua empatía, en sintonía, en contacto pleno. Esto se puede producir cuando tanto el terapeuta como el paciente están en el *continuum* de consciencia al mismo tiempo, cuando están en esos momentos de consciencia intersubjetiva, comprometidos en la cocreación de un campo de consciencia común;
- *es un espacio de transición* entre el no-consciente y el consciente, lo implícito y lo explícito, lo no manifestado y lo manifestado, lo invisible y lo visible, lo no verbal y la palabra, el no contacto y el contacto pleno;
- *es un proceso temporal* que se desarrolla en la continuidad del tiempo que pasa durante las sesiones, pero también el tiempo que separa las sesiones, lo que llamamos *chronos*, a veces marcado por la irrupción de *kairos*, el evento que llega en el momento oportuno del proceso y eso significa que hay un antes y un después;
- *es espontánea*, se produce naturalmente cuando el terapeuta está en esta postura de consciencia-presencia. No puede ser decidida o voluntaria;
- *se manifiesta* en el terapeuta a través de sentimientos llamados *negativos*, como el rechazo, la dificultad para "ser empático", el sentimiento de no poder amar a este paciente. ¿No sería eso también un "como si" de lo que vive el paciente?

Ya no estamos en la visión clásica de la empatía, entendida como el "enfoque centrado en la persona". Dejamos el modelo intrapsíquico e individualista para adentrarnos en una comprensión intersubjetiva de la empatía, en la cual dos personas se involucran "físicamente" retomando la expresión de Staemmler, como dos bailarines que están siempre inventando e improvisando su danza común. Este estado de cercanía e intimidad con el otro se basa en un intercambio corporal sutil, es un fenómeno de resonancia. Se necesita materia para enviar las informaciones y una materia para que resuenen estas informaciones: son los cuerpos sensibles, como magnetizados entre sí, y a veces como prolongación uno de otro.

Empatía, tercera historia, tercera piel

La tercera historia

A través del campo de consciencia común corporeizada se desarrolla lo que llamo *la tercera historia*; podría verse como un baile que se inventa sin cesar, inspirada en la empatía, tal como la acabamos de presentar. El proceso terapéutico se construye por medio de la historia que comienza desde el primer instante en que el paciente se da cuenta de nuestra existencia y piensa que podría llamarnos y continúa mucho más allá de la última sesión. Es una historia en sí misma,

Es una historia común, de nosotros dos, paciente-terapeuta, una historia de pareja, que se teje momento a momento en la sucesión del aquí y el ahora, puntuada por lo inesperado y por lo que hacemos juntos. Se construye con las historias de los demás, con sus propias resonancias, y con la historia común como fondo en cada nueva sesión, con momentos en los que se reproducen en el espacio terapéutico los mecanismos de relación-existenciales del paciente, que se trabajarán *in vivo* si el terapeuta sabe cómo desenmascararlos; en otros momentos, cuando sea el terapeuta quien esté atrapado por elementos de su propia historia aún no (o insuficientemente) trabajados, y reactivados por el fenómeno de resonancia, tendrá que trabajarlos en supervisión. También es una historia de cuerpo a cuerpo, si suponemos que la empatía es el elemento fundamental de la relación y que es un fenómeno corporal, en el cual los dos cuerpos están vibrando y en interacción constante y explícita, y sobre todo en una búsqueda implícita de revelación.

Un estado de consciencia ampliado en una díada

Hace poco, durante un seminario que daba acerca del tema de la intercorporalidad, observé una práctica terapéutica. El terapeuta siguió a la paciente lo más cerca posible de sus sentimientos. Observé cómo ella recibió la retroalimentación del terapeuta al mismo tiempo como una puntuación, como una caricia y como un estímulo, como permitiéndole abrir su sensibilidad, su propio campo de consciencia y su propia comprensión de la preocupación expresada al principio de la sesión, pero puesta en segundo plano. Los veía como envueltos en una consciencia común que se expandía más allá de ellos mismos, en una consciencia ampliada. Luego vino a mí esta imagen de sus dos cuerpos extendiéndose, como si unas ramificaciones invisibles partieran de sus pies y se unieran en un espacio que se les escapaba de su "visión" habitual. Sus dos cuerpos se convertían en los contornos de un espacio al interior del cual *lo-ya-ahí-aún-no-consciente* podía depositarse y comenzar a despertar y ponerse en movimiento, en un silencio respetado por uno y el otro, hasta el punto de provocar manifestaciones en la psicología del terapeuta, hasta una revelación discreta de este último y la creación de un diálogo terapéutico encarnado. Sus dos cuerpos en la prolongación de uno y del otro y la energía que se liberó me parecieron entonces como un contenedor seguro, en el cual:

- el proceso de contacto, como lo comprendemos en Gestalt, se desplegaba;
- había movimientos invisibles viniendo de uno y del otro juntos para crear esta afectación en el terapeuta que nombramos *empatía* y en el paciente la confianza y el acto de soltar;
- se permitía la circulación de afectos difusos contenidos en el *ello* de la situación y su puesta en forma gracias a la corporeización consciente de su estar juntos;
- se envolvían en la cocreación de la relación.

Así, este cuerpo a cuerpo podría aparecer como la matriz en la cual se desarrolla la empatía, la tercera historia, una copenetración de uno por el otro orientada con un propósito terapéutico. Al desarrollar el sentido corporal y la capacidad de sostener el *continuum* de la consciencia relacionándose con el otro, pasaremos de un campo de consciencia común a un campo de consciencia ampliado, un estado de consciencia ampliado en díada, para retomar la expresión de Staemmler.

La tercera piel

Staemmler utiliza la expresión "estar en la piel de la relación" y la explica de la siguiente manera:

> El estado de estar en la piel de la relación puede hacer posible que usted sepa algo de la otra persona (no sobre esta), no porque ella le haya transmitido esa información en el sentido de un modelo de comunicación simple emisor-receptor, sino porque a la vez ella y usted son partes integrantes del mismo todo que los incluye a ambos. Y el contenedor de la información, por así decirlo, es el todo, y no la persona individual (Staemmler, 2012: 198).

Estar en la piel de la relación para mí evoca lo que llamo *la tercera piel*. Hace algún tiempo, luego de dar un seminario en Brasil, reflexionaba con mi colega Paulo acerca de la relación terapeuta-paciente desde el concepto de *intercorporalidad*. Llegamos a evocar el "yo-piel" de D. Anzieu (1985); luego, atrapados en un juego de asociaciones libres, visualizamos a nuestra manera "la piel de la relación" —en ese momento no habíamos leído aún a Staemmler—. Al referirnos a la "tercera historia", comenzamos a elaborar la expresión *tercera piel*.

Hoy me gusta utilizar esta metáfora para pensar en la relación como un todo encarnado, un contenedor que da un contorno a la piel de la relación, para usar una idea o imagen de Merleau-Ponty. Esta tercera piel sería como una construcción que proviene de la extensión de la piel de uno y otro cuando ambos cuerpos son el soporte carnal de estar juntos, como si puntualmente uno se convirtiera en la prolongación del otro en un acto trascendido por una atención común que se desprende de este estar juntos. La *tercera piel* podría verse como la matriz que contiene el *ello* de la situación en movimiento, que da un contorno a todos los órganos de la relación, de una relación que transforma, que sana, que se convierte en un pilar para la reestructuración de lo vivido. Podría verse como el órgano de la resiliencia, cuando esta falta, o de su reactivación, cuando está profundamente enterrada bajo el sufrimiento.

Me regocijo al constatar que colegas de diferentes orígenes y culturas se unen, conservando su originalidad, sobre el tema de la importancia del "cuerpo sensible" en el proceso terapéutico y la comprensión de la empatía. Staemmler es terapeuta Gestalt alemán, Preston es psicoanalista intersubjetivo estadounidense, Deschamps, Brunel y Martiny son canadienses de Quebec, yo mismo soy franco-canadiense. Me formé en Montreal, en terapia Gestalt y terapias corporales en la época de la contracultura de Quebec, y fue en la cultura y la sensibilidad latinoamericanas, sobre todo en México, Ecuador y Brasil, donde encontré la inspiración y la correflexión para comenzar a desarrollar los temas de empatía e intercorporalidad. Así, el cuerpo se conecta, incluso en terapia y no solo mediante el futbol, la danza o la música; se conecta a pesar de las diferencias de lenguaje, pensamiento y cultura.

En su artículo ya mencionado, Brunel y Martiny (2004) intentan comprender el concepto de *empatía* a partir de la corriente interaccionista: conservan los siguientes puntos, que nombraré, ya que son cercanos a nuestras referencias gestálticas:

- la focalización en lo inter;
- el lugar del cuerpo a partir del mimetismo, los micromovimientos, la sincronía;

- la toma en consideración del contexto y el campo, y de lo que pasa aquí y ahora;
- la postura fenomenológica no interpretativa;
- cierta desconfianza hacia las teorizaciones generales que no dejan lugar a detalles interesantes y a lo desconocido.

Las autoras perciben la empatía como "un proceso esencialmente interactivo, impregnado de reciprocidad, de intercorporalidad e intersubjetividad" (Brunel y Martiny, 2004).

Capítulo 12
¿Una apertura hacia la dimensión espiritual del ser humano?

La relación terapeuta-paciente en plena consciencia, con sus momentos de meditación intersubjetiva, ¿podría ser la ocasión de una apertura a la dimensión espiritual? A lo largo de este libro nunca he evocado realmente la espiritualidad, pero a menudo he sugerido que estamos en un saber-hacer y un estilo inspirado en varias tradiciones, lo que sugiere que este planteamiento que consiste en estar, en ciertos momentos, "en la consciencia de... en presencia del otro, en la continuidad", puede abrirnos a esta dimensión.

Aquí tengo que definir primero lo que quiero decir con *espiritualidad*, algo que me parece imposible. No sé qué es la espiritualidad; podría hablar como máximo de un proceso de espiritualización, de mi proceso de búsqueda interior que tiende hacia el descubrimiento de esta parte misteriosa de mí mismo y del universo.

Solo puede aprenderse a partir de experiencias personales que nos hacen sentir que nosotros, seres humanos, estamos vinculados a algo mucho más vasto que nosotros, que llamo lo *trascendente*, que da sentido a nuestra existencia mientras nos permite darle una dimensión vertical. Nos cuestiona sobre algo misterioso que el vocabulario francés llama *espíritu* —a veces con la incertidumbre de escribirlo con "e" minúscula o mayúscula—, de donde proviene la palabra "*espiritual*". Esta palabra contiene en su etimología la noción de *respiración*, de *soplo*.

Lo que llamamos *espiritualidad*, ¿sería la experiencia que quizá tuvimos alguna vez: sentirnos vinculados al gran soplo del Universo? ¿Cuál es nuestra relación con lo espiritual? ¿Está ante nosotros, a nuestro alrededor, en todas las cosas, en ningún lado? ¿Dónde reside? ¿Por qué algunas personas confrontan el tema? ¿Cuál es su función? ¿Tendría algo que ver con el alma, las religiones, las tradiciones, el amor, la muerte, la sexualidad? ¿O simplemente con cierta actitud en la vida diaria y en nuestras relaciones con los demás?

Algunos de nosotros, los psicoterapeutas, sentimos una atracción por esta cosa misteriosa, al punto de pensar que habría que construir puentes entre lo psicológico y lo espiritual: el acompañamiento psicoterapéutico podría abrir al ser humano a su dimensión espiritual, sería la misma esencia espiritual. Esto está en contraste con otros, que se niegan a establecer una relación entre los dos y desean que la terapia quede en una dimensión profana y racional.

La dimensión transpersonal

Algunas referencias históricas

Seguramente usted ha tenido esta experiencia maravillosa de sentirse conectado a lo que le rodea, en un estado de paz interior, armonía, amor, frente a un paisaje que le inspira, un atardecer, en una relación amorosa, escuchando música, en meditación o espontáneamente sin que usted lo esperara. O con uno de sus pacientes, cuando usted hace una intervención acertada, en el buen momento, con las palabras adecuadas... ve el efecto sobre el rostro y siente un gran estremecimiento. Entonces está más allá de... de usted mismo como ego, en un espacio-tiempo ilimitado. Es el estado de gracia. Siente lo sagrado de su experiencia y del Universo. Está entonces en una dimensión transpersonal.

La psicoterapia transpersonal toma en consideración la aspiración del ser humano más allá de sí mismo, en su dimensión sagrada. Nos invita a ir más allá de la máscara, de la persona, del ego, de la cultura a la cual pertenecemos. Este término remite a la parte trascendente de nosotros mismos, algunos dirían a la parte divina, otros al Ser, otros al Ser esencial. A. Maslow (2008), uno de los pioneros que contribuyó a la elaboración de esta corriente, coloca la necesidad del logro en la cima de la pirámide de las necesidades, como la aspiración de todo ser humano a esta dimensión trascendente. Propone también una clasificación emanada de la historia de las psicoterapias: el conductismo sería la primera "fuerza", el psicoanálisis la segunda, la psicología humanista la tercera, y la psicología transpersonal, la más reciente, la cuarta fuerza.

C.G. Jung y R. Assaglioli fueron los primeros en utilizar el término "transpersonal" para describir este nivel del ser que no concierne a un inconsciente considerado como personal. Intentaron explicar este Yo numinoso, trascendente, que se refiere a otra dimensión que la del Yo personal. El concepto "numinoso" aparece por primera vez en Rudolf Otto, en su libro

Le Sacré (1917). La experiencia numinosa es para él la experiencia afectiva de lo sagrado. Jung retoma este término.

Otros han contribuido a tratar de arrojar luz sobre esta instancia espiritual que existe en cada uno de nosotros. Citaré en particular a K.G. Dürckheim, cuyas obras y prácticas han acompañado una época de mi vida, con esa noción del ser esencial, que presenta así:

> Lo esencial para el hombre es una experiencia profunda y, dado que no se puede dar una definición de lo que es rojo y de lo que es azul, no se puede dar una definición de lo esencial. Lo que podemos hacer es reconocer las experiencias que nos permiten y nos fuerzan a utilizar, para nombrarlas, las palabras esencia, esencial o ser esencial... ¿Cuáles son las experiencias que nos autorizan a utilizar esta última palabra? [...] La esencia. Es lo que se distingue de la apariencia de las cosas. La esencia es la realidad profunda. La esencia de todo lo que está vivo es lo que podemos llamar *la Vida*. La Vida no es la suma de todo lo que está vivo, es lo que hace que lo que vive... viva (Dürckheim, 1992).

La psicoterapia transpersonal se interesa en la consciencia, en los estados de consciencia ampliados y en los enfoques psicoterapéuticos y espirituales que nos permiten conocer y experimentar y vivir esta otra dimensión de nosotros mismos, que llamamos *el Ser*, el Ser esencial, lo Trascendente, lo Divino, lo Numinoso, la Gracia, el Uno...[1] No se enseña en las universidades francesas, para las cuales carece de racionalidad y, por lo tanto, de seriedad y credibilidad; no obstante, está muy extendido en las universidades de América Latina y cada día adquiere más importancia en el mundo.

El ejercicio de la consciencia en psicoterapia y meditación

Fui invitado a participar en una mesa redonda sobre el tema "Gestalt y meditación" durante el congreso internacional de Gestalt sudamericano que se desarrolló en Colombia. Dos de los oradores presentaron la meditación y la terapia Gestalt como el mismo proceso, al punto de confundir uno con el otro. Para mí, son dos enfoques diferentes.

Diría que la terapia de *concentración*, que yo llamaría hoy *terapia* de *meditación intersubjetiva*, puede integrarse a nuestro método de trabajo como práctica al servicio del proceso psicoterapéutico, de la misma manera que

[1] Remito al lector a dos libros de Bernadette Blin y Brigitte Chavas (2009, 2011), que dan una visión muy completa de esta corriente.

algunos colegas integrarán otras prácticas, como la utilización de medios de expresión, la visualización, el juego de roles, el movimiento, etcétera.

Está en el centro del proceso psicoterapéutico en terapia Gestalt con los conceptos *awareness, consciousness* y *continuum* de la consciencia, pero hay una diferencia esencial: estar en consciencia está en el centro de numerosas prácticas meditativas y espirituales cuyo objetivo es permitirnos un acercamiento al Espíritu. Estos momentos del proceso se inspiran en prácticas que provienen de ciertas corrientes espirituales, vinculadas a una tradición, una historia y una antropología. Ya sea una técnica entre otras o un ejercicio en su sentido espiritual, esto depende de la antropología del terapeuta, de sus creencias y de su relación con las tradiciones espirituales.

No pierdo de vista que este es un "ejercicio", en el sentido que le dio San Ignacio de Loyola. Jean-Claude Guy (1982) escribe que estos ejercicios tienen como objetivo "introducir al que se involucra en una forma de proceder, y requieren del ejecutante el deseo de buscar la voluntad de Dios en la orientación de su vida, es decir, el deseo de vivir". La expresión "forma de proceder" significa que hay una metodología. Como psicoterapeuta, podría decir lo mismo, pero como siento que pertenezco a la corriente de la espiritualidad laica, diré que el ejecutante es quien tiene el deseo de aproximarse a lo esencial, de encontrar la orientación correcta de su vida, de cultivar su deseo de vivir, así como su sentido del altruismo y al desarrollar su capacidad de estar en el instante presente a través de una práctica regular, no solo en los momentos específicos de su vida, sino de manera cotidiana.

Más allá de la técnica: La postura del terapeuta

El uso de la consciencia en el proceso terapéutico podría ser solo una técnica entre otras. Ciertamente requiere conocimientos meditativos, una forma de proceder, pero es mucho más que eso: hay condiciones en el terapeuta para que tenga lugar el camino de lo psicológico a lo espiritual y acercarse a lo trascendente. Esto requiere:

- que esté vinculado a una tradición terapéutica;
- que esté apegado a una tradición espiritual;
- que esté inscrito en su antropología, es decir, en su concepción del ser humano y de su relación con el mundo, que el hombre no es solo un portador de síntomas; hay en él una inspiración hacia la trascendencia;
- que se cuestione sobre los posibles vínculos entre psicoterapia y espiritualidad;
- que desarrolle en su ser terapeuta la postura meditativa.

LA DIMENSIÓN TRASCENDENTE DE LAS CUATRO MODALIDADES DE CONSCIENCIA

En el capítulo 5 presenté las cuatro modalidades de consciencia que el terapeuta puede integrar en su manera de trabajar y que participan de la cocreación del proceso psicoterapéutico, así como de la relación terapeuta-paciente. En el capítulo 6 presenté una forma determinada de comprender la relación terapéutica a partir del concepto de *campo* y, en el capítulo 7, en qué momentos sería pertinente introducir la postura meditativa intersubjetiva en el desarrollo de una sesión.

Ahora presentaré las cuatro modalidades de consciencia con su potencial de apertura a la dimensión espiritual, basado en el supuesto de que el hecho de trabajar con el *continuum* de la consciencia permite pasar de lo psicológico a lo energético, gracias al apoyo dado a la primera modalidad de la consciencia: la dimensión sensorio-corporal. A partir de ahí, cuando ciertos elementos de la problemática de fondo grabados en lo corporal emergen al primer plano, son concientizados y reconocidos; eso permite al organismo comenzar a integrar y asimilar estos elementos que han permanecido intactos, quiere decir no contactados, lo que puede dar a la experiencia vivida otro tono y permitir que del fondo pueda emerger la experiencia transpersonal.

Mi experiencia en la práctica de la meditación y mi compromiso en las terapias primarias, que utilizan el estado de consciencia ampliado (véanse los capítulos 3 y 4), me han permitido sentir y vivir que las cuatro modalidades desarrolladas sobre el plano psicológico tienen una extensión y expansión hacia la dimensión transpersonal. El hecho de desarrollar el estar en la consciencia de… en relación va más allá del dominio de lo psicológico; se abre a lo energético que es la fuerza vital que despierta por la consciencia en su modalidad *awareness* y se abre, a veces, a la dimensión espiritual. Trataré aquí de explicar lo que mi experiencia, y la de las personas que he acompañado como formador y terapeuta, me ha dado para vivir y elaborar.

Primera modalidad, la consciencia sensorial-corporal: De la encarnación al sentimiento de unidad

Estar en la consciencia sensorial-corporal es vivir la experiencia de que estamos habitados por una fuerza, que llamamos *impulso de vida*, que nos hace pensar en Eros, como pulsión de vida —Eros que aporta una dimensión sexual, con sus raíces biológicas, y al conservar su enraizamiento en el pensamiento filosófico. Es primero experimentada y vivida a través del cuerpo y la respiración, por medio de los cuales pasa el proceso de encarnación, que es la base necesaria del proceso de espiritualización. La consciencia que tenemos puede permitirnos sentir que estamos habitados por algo que está en nosotros, más grande que nosotros, que estamos conectados a entornos cercanos y distantes, que somos un fragmento de la energía universal.

Esta forma de consciencia nos hace descubrir que somos un cuerpo-consciencia, un cuerpo que nos da la capacidad de estar en una consciencia corporeizada. Es la consciencia de *más-allá-de-nosotros-mismos* a partir de la apertura de los cinco sentidos. Cuando prestamos toda nuestra atención solo a nuestros sentidos, la conexión con lo que nos rodea o nos cruza puede ser total y sin límites. En la tradición tántrica —la que yo conozco, que es la tradición transmitida por el maestro Osho— es también la consciencia del placer que brinda la apertura de los sentidos en nuestra relación con el mundo. El cuerpo es mucho más que una simple máquina de supervivencia y vida que a veces nos hace sufrir, se convierte en centro de energía, un espacio de placer y una materia viva y animada que permite adentrarnos en una relación sensible, emocional, energética, creadora, poética, estética, amorosa con lo que nos rodea.

La energía conecta el cuerpo y el espíritu, pero también entre nosotros y el otro, nosotros y el universo, nosotros y los mundos invisibles, de los cuales nuestro cuerpo es a veces el receptáculo. En este nivel experimentamos la unidad entre el cuerpo y los estados interiores, como la confianza, la seguridad, el soltar, la serenidad, la paz, la benevolencia. También puede ser el descubrimiento de la sexualidad, en particular la sexualidad sagrada y tántrica.

Pasamos del cuerpo que sufre, del cuerpo como lugar de inscripciones a veces dolorosas, al cuerpo como energía que nos conecta, *más-allá-de-nosotros-mismos*, a la fuente de energía vital, a la fuente de la vida.

Segunda modalidad: De lo emocional con el otro al sentimiento de confianza con el otro

El otro está ahí, con su mirada sobre nosotros y nosotros estamos frente a él, con nuestra mirada sobre él. Su presencia plenamente consciente desencadena reacciones, impulsos, proyecciones, emociones, deseos, reactivaciones de recuerdos. Es una oportunidad para actualizar nuestros sistemas neuróticos, aumentar su consciencia, luego cambiar. Es una parte importante del trabajo psicoterapéutico.

La postura que consiste en adentrarse en la plena consciencia de las reacciones y emociones que surgen en la relación con el otro y descubrir la relación íntima que tenemos con nosotros mismos al experimentar eso, nos lleva a un trabajo importante de aceptación. Aceptación de lo que es, aceptación de quien somos, sin juicio. Aceptar lo que se manifiesta en nosotros a veces y que no queremos ver, como el odio, el deseo de venganza, de muerte del otro, nuestra tendencia a la manipulación... Aceptación también de la belleza en nosotros, de nuestro potencial creador, de nuestra singularidad... Es un paso importante para acceder a la toma de distancia, luego al perdón, después a la identificación y a la desidentificación de lo emocional, para llegar a la transformación de la energía contenida en lo emocional en otra cosa, en otra relación con nosotros mismos y con los otros, en creatividad, en apertura de corazón, en amor. Es ahí donde comienza a realizarse la transición hacia un nivel transpersonal. Esta transformación es un largo proceso, a veces doloroso y caótico, que pasa por ciertas etapas:

- el contacto con el niño herido en nosotros, con el sufrimiento generado por las heridas y la consciencia de mecanismos existenciales y relacionales que los eventos traumáticos nos llevaron a establecer en ese lugar;
- la aceptación de lo que es, del *yo estoy viviendo esto*, con nuestras zonas de sombra poco gloriosas;
- dejar ir y el desapego, desapegarse del odio, de la violencia, de la depresión, del aferrarse a nuestras formas de hacer, de ser y a nuestras creencias;
- poner distancia de nuestras emociones, para llegar quizá a la desidentificación;
- el proceso de perdón, que es con frecuencia largo y al que el ego se resiste, ya que "tengo razón de culparlo";
- la apertura del corazón, incluido el perdón, que es una etapa esencial. Es la capacidad de benevolencia, altruismo, compasión, algunas veces de amor incondicional.

Estas etapas no son lineales, se cruzan, se entrelazan, se estimulan y a veces generan miedo, rechazo, resistencia.

La capacidad de percibir se vuelve más aguda, la clarividencia se amplifica. Comenzamos a pasar de una hipersensibilidad neurótica a una apertura de los sentidos y el corazón. La energía contenida en lo emocional y sus reacciones puede orientarse hacia otras perspectivas, hacia una recreación de nuestra vida, hacia la transformación interior donde el cuerpo puede convertirse en un lugar de paso de la respiración, del soplo, pero también del gran soplo del universo y, ¿quién sabe?... comenzar a encontrar su función de asiento del alma.

Hay un ensanchamiento del campo de la consciencia ordinaria, lo que permite a los elementos que han permanecido en lo invisible manifestarse. El paciente puede comenzar a viajar más en lo que él no ve habitualmente de su mundo interior, el terapeuta se vuelve más clarividente.

Esta modalidad de consciencia nos recuerda que somos seres humanos en busca de la paz interior y la confianza. Nos conectamos primero a nosotros mismos, luego al otro por expansión, después sentimos que estamos conectados con el Otro. Utilizo la palabra Otro con mayúscula para designar esta parte trascendente que a veces contactamos, que a la vez está inscrita en nosotros y a la vez nos conecta con el infinito y la inmensidad del universo.

Tercera modalidad: De la consciencia cognitiva a la palabra que trasciende

Es la consciencia reflexiva y cognitiva que, conectada a las dos modalidades precedentes, genera la palabra encarnada, la que encuentra su génesis en el cuerpo, en el vínculo con el otro, en la inteligencia del corazón, y que surge como una síntesis sonora, verbal, inteligente, que da sentido al proceso y lo trasciende. Es, como dijimos en el capítulo 10, la consciencia por la cual "el verbo se hizo carne" y por la cual la carne genera el verbo. Cuando consciencia y verbo se sobreponen, entonces surge la luz. El verbo que pone a la luz aquello de nuestras sombras y de la belleza del mundo que se nos escapa.

La consciencia inunda gradualmente la materia corporal al punto de que, en ciertos momentos, consciencia, cuerpo y palabra no son más que uno. Ocurre entonces que el sentimiento emerge de la apertura de los sentidos, ilumina lo que escapaba o permanecía en la sombra y propulsa, hasta los labios, la que llamo la palabra *encarnada*, *preñada*.

El verbo plantea la verticalidad, la estructura, la ley, en el momento adecuado, preciso, conciso, sin florituras. Esta palabra es como la aguja del acupunturista que pica en el lugar preciso y en el momento correcto. Su vibración actúa como la de los *ikaros*, cantos de sanación de los terapeutas tradicionales ancestrales del Amazonas que regulan el estado interior, las energías y la relación con lo invisible. El verbo da la estructura necesaria para no perderse en los espacios etéreos o en la ilusión terapéutica cuando se pasa al nivel transpersonal.

En psicoterapia, es la consciencia la que da al discurso su intensidad, su fuerza, la que hace que haya un antes y un después. El que deja al paciente en el *insight* asombroso o en un silencio que es entonces la otra manifestación de la palabra preñada. El texto, la frase estructurada pronunciada por el terapeuta se vuelve sagrada, portadora de lo esencial. Este esencial —que busca manifestarse en el mensaje de las grandes religiones y tradiciones espirituales, así como en el arte, la poesía, la arquitectura y los símbolos de lugares espirituales y de gran energía del planeta, en los rituales de los pueblos del mundo— puede también manifestarse en nuestros rituales terapéuticos occidentales. El mensaje esencial es que todo está conectado; estamos conectados a los otros en la transversalidad, pero también a lo que es más grande que nosotros en y a través de la verticalidad. Habría una inteligencia que rige esta organización. Habría Otro, o el Otro, como nosotros los presentimos ya en la modalidad anterior. Como terapeuta Gestalt, podría decir que es el *self* en acción, el que trasciende el acto terapéutico.

La consciencia luego descubre su dimensión universal e infinita que es el dominio de la espiritualidad: pasar de leyes neuróticas a la comprensión de leyes del universo, que rigen el vínculo, la benevolencia, el altruismo, la paz interior, la gracia, la no-dualidad. Pasar del ego que reacciona al ser que realiza actos justos. Es ir más lejos en la receptividad, en soltar, para que la inteligencia del universo pueda hacer su trabajo de transformación en nosotros. Es la fuente de la sabiduría. Esto se llama abandono, silencio, contemplación, nada, confianza...

Cuarta modalidad: De la consciencia social a la Consciencia Universal

Es la consciencia que algunas personas tienden a veces a escribir con "C" mayúscula, tan vasta, infinita, misteriosa y percibida a veces como la fuente misma de la vida.

A nivel psicológico, es la consciencia de nosotros mismos con nuestro lugar en la familia, la genealogía, en el trabajo, en la sociedad, en nuestros diferentes entornos, en el mundo. A nivel transpersonal, es la consciencia de nosotros mismos en el universo y de que estamos en un sistema de interdependencia con nuestros entornos próximos y lejanos.

Es la consciencia de que la Consciencia es vasta, que puede no estar localizada en el cerebro como afirman algunos científicos, que es universal, cósmica, y que cuando llevamos nuestra atención sobre nosotros, en meditación o en psicoterapia, estamos atravesados por fragmentos de esta Consciencia Universal que, por intermedio de la atención, iluminará algo que hasta entonces se nos escapaba. Es la Consciencia del más allá de la Tierra, del tiempo y del espacio, de la inmensidad del universo. Personalmente, me lleva hacia la consciencia de que todo está conectado, que nada se debe al azar, que funcionamos sobre principios de interdependencia, también con lo más grande, y que todo es una señal, todo tiene un sentido más allá de nosotros, que el universo funciona según los principios de campo presentados en el capítulo 6. Es la consciencia de que somos un fragmento de la Consciencia Universal, que nuestra existencia tiene un sentido más allá de nosotros y de nuestros entornos próximos y quizá también que nosotros escogimos vivir en la materia, entre una infinidad de posibilidades.

La pregunta que nos podemos plantear en este nivel es: ¿Cuál es mi lugar en el universo? ¿Cuál es mi misión? ¿De qué manera estoy al servicio en el plano terrestre, en el plano espiritual y, a la vez, en la discrepancia o la fractura entre los dos? Si el plano espiritual existe, está en todas partes. Comienza en los momentos más básicos de la vida cotidiana con la consciencia de que lo tenemos.

En psicoterapia, no hay psicoterapia transpersonal. Hay un espíritu transpersonal que está dado por el *estar-ahí* del terapeuta, tal como lo hemos demostrado a lo largo de este libro. Este espíritu está dado por la postura meditativa, por la consciencia en movimiento en la relación, por la creencia de que estamos vinculados a algo más grande que nosotros. No hay que querer a cualquier precio lo transpersonal con el paciente y hacer de la terapia una terapia transpersonal. El nivel transpersonal emerge de uno mismo, del proceso, cuando el terapeuta está conectado.

Para terminar

Al final de este intento por comprender la expansión y la extensión de las cuatro modalidades de consciencia que trabajan en el proceso terapéutico, me viene esta frase de los *Pensées* de Pascal que me impresionó mucho cuando yo era adolescente: "El eterno silencio de estos espacios infinitos me asusta". Me tumbaba sobre la tierra durante las noches estrelladas del verano, mirando fijamente el cielo, trataba de impulsarme, el pensamiento y el movimiento interior, al infinito de esa noche estrellada hasta que esto se volvía intolerable para mí porque era muy vasto y muy poderoso. Regresaba como en estado de *shock*, abrumado por haber tolerado ese infinito hasta ahí, pero también frustrado por no haber podido ir más lejos, algo que me producía el deseo de recomenzar. Para mí, cuando hay expansión de consciencia en sus diferentes modalidades, entonces el "silencio eterno de estos espacios infinitos" me pone en un estado de éxtasis profundo y me atrae hasta hacerme vivir una especie de beatitud. El requisito previo sería haber contactado algunos de nuestros espacios interiores que hasta entonces habían permanecido en silencio. La Consciencia, llamada por el *estar en la consciencia de...* en relación, estimulada por el proceso *awareness-consciousness*, permitiría entonces abrir algunos de nuestros espacios interiores que, sin eso, habrían permanecido en un silencio eterno, dejando el velo cerrado, opaco y sin apertura posible.

El momento presente plenamente concientizado tanto por el paciente como por el terapeuta, en la terapia de concentración o a través de las prácticas de plena consciencia, se abriría a esta dimensión espiritual que acabo de tratar de expresar con palabras.

Eckart Tolle (2000) recuerda que "los maestros espirituales de todas las tradiciones hacen del instante presente la clave para acceder a la dimensión espiritual y esto lo han hecho desde siempre". Agregaría que la atención al momento presente da acceso, por la experiencia vivida, a eso a lo que nos resistimos a nivel psicológico para pasar al nivel espiritual y sentir en nosotros la presencia del ser. Es lo que puede suceder cuando hay disolución de algunos elementos de nuestro yo profundo por el estar en la consciencia de... en relación.

Rindo homenaje a mis dos colegas Pinat y Buisson,[1] quienes atrajeron mi atención sobre la última oración del libro *Gestalt Therapy*, que se abre explícitamente a esta dimensión espiritual: "En una experiencia rica en contacto, el 'yo' aliena[2] sus estructuras de seguridad y se arriesga a dar el paso y se identifica con el *self* en desarrollo, le ofrece sus servicios y sus conocimientos y, en el momento de su realización, se desvanece de su camino".

El camino psicoterapéutico que se basa tanto en la meditación intersubjetiva como en la postura meditativa es uno de los caminos posibles que permitiría, algunas veces, que el ego se desvaneciera; así, la inteligencia del corazón, despierta por el proceso en movimiento, tendría total libertad para llevar a cabo su trabajo.

Según esta lógica, no habría psicoterapia transpersonal, habría un espíritu transpersonal que sería depositado discreta y silenciosamente por el ser del terapeuta, tal como lo hemos demostrado a lo largo de este libro.

El espíritu transpersonal está dado por:

- la postura del terapeuta;
- la postura meditativa;
- la consciencia en movimiento en la relación;
- lo no visible que toca la puerta del cuerpo cuando es el momento adecuado;
- los fenómenos de resonancia entre el paciente y el terapeuta;
- la palabra encarnada que es el verbo;
- el silencio por el cual sucede lo inesperado, pero también la integración de lo que se teje desde el fondo;
- la lentitud que permite la emergencia en la superficie de aquello que

[1] Brigitte Pinat y Françoise Buisson, terapeutas Gestalt, son las creadoras del Centro de Ecoantropología, en la región francesa de la Drôme, que ofrece un curso de "psicoterapia contemplativa" que puede conducir a la práctica de la psicoterapia.

[2] En el pensamiento de los autores de *Gestalt Therapy*, la expresión "aliena sus estructuras de seguridad" podría reemplazarse por "se desidentifica de sus estructuras neuróticas y repetitivas".

del fondo tiene necesidad de ser visto y reconocido para el bienestar psicológico y la apertura a lo trascendente;

- la fe en el proceso.

El nivel espiritual emerge del proceso mismo cuando el camino está despejado y cuando no se le espera. Incluso sucede también que esté ahí, en nosotros, activo, sin que nos demos cuenta. Es el signo de que no somos o de que no somos un ego espiritual.

> El "*yo*"
> liberándose de sus estructuras seguras,
> se arriesga a dar el paso e identificarse con el *self* en desarrollo,
> le ofrece sus servicios y sus conocimientos,
> y, al momento de su realización, se desvanece del camino.

Epílogo
Puentes entre terapia Gestalt y espiritualidad

Estoy feliz de poder escribir hoy el epílogo del libro de Jean-Marie sobre la plena consciencia en la relación terapeuta-paciente. Delacroix vino a participar en una de mis pasantías sobre "meditación y psicoterapia", y resulta que tenemos en común, en México, un traductor al español, Guy-Pierre Tur, quien ha vivido ahí durante décadas y recibe y traduce a Jean-Marie cuando da seminarios de entrenamiento en México. Por mi parte, no doy entrenamientos en América Latina, pero sucedió que fui invitado por el mismo Guy-Pierre a dar una conferencia sobre meditación y psicoterapia en su centro de Gestalt, en el centro de la Ciudad de México.

Delacroix ha formado psicoterapeutas no solo en Francia, sino también en África y muchos en América del Sur, con la presencia del chamanismo en el trasfondo, y esto lo llevó en gran medida a ampliar su concepción de las cosas. Es formativo ser formador… sobre todo cuando estás en contacto con culturas muy diferentes, como el chamanismo nativo americano.

Si me pidió que escribiera este texto es, sin duda, porque sintió que, como psiquiatra, con una práctica actualmente de más de cuarenta años de meditación y treinta años de estancia en India, yo podría desarrollar una gran capacidad de síntesis para apreciar los diferentes niveles de su trabajo y la exploración de las diversas vías de consciencia que expone. Sabemos que la Gestalt, desde el principio, estuvo influida por el enfoque zen, es decir, la percepción del cuerpo y el espíritu aquí y ahora. Fritz Perls, creador de la terapia Gestalt, hablaba ya de la importancia de una práctica meditativa para el terapeuta en 1951, en su libro fundador *Gestalt-Therapy*. En mis talleres de meditación, siempre vuelvo al contacto con el cuerpo en el presente. Es el pan de cada día en la enseñanza. Cuando percibimos el cuerpo en lo inmediato, entendemos mucho mejor cómo influye en la mente y, en ese momento, podemos comenzar a moldearlo, a darle forma y a liberarlo. Esto me recuerda una de las principales definiciones de la meditación en el antiguo budismo: "Comprender el espíritu, moldearlo y liberarlo". ¿El mismo término "Gestalt" no significa en un sentido amplio "poner en forma"? Para que esta puesta en forma funcione y pueda conducir a una liberación, debe basarse en una buena dosis de comprensión.

Una manera de organizar las reflexiones será reagruparlas en tres temas: autorreparación, fluidez y presencia.

Autorreparación

Uno de los aspectos maravillosos de las células de nuestro cuerpo es su capacidad de repararse a sí mismas. El mismo ADN tiene esta posibilidad. Del mismo modo, nuestro sistema psíquico tiene una gran capacidad de autorreparación... siempre que se le brinden la oportunidad y el tiempo. Para Ernest Lawrence Rossi, que podríamos presentar como el sucesor de Milton Erickson en el campo de la hipnosis fraccional, las diferentes teorías psicoterapéuticas son como rituales chamánicos que hacen creer al paciente que la persona frente a él está provista de un gran saber; sin embargo, lo que es realmente terapéutico en la sesión, es el hecho de que el sujeto pueda estar, durante un tiempo determinado, realmente frente a sí mismo. En este momento, sus capacidades de autosanación se activan, y si el terapeuta tiene un poco de receptividad y habilidad, actuará como facilitador del proceso de autosanación. Es lo que los terapeutas Gestalt llaman la *capacidad del organismo* para la autorregulación.

Un tema importante que podemos discutir ahora es el rol de la palabra en el proceso de autosanación. Es evidente que cuando estamos en la posición de terapeuta, solo podemos soñar constantemente en encontrar la palabra correcta en el momento adecuado. La evolución de la terapia puede también presentarse como una evolución en el uso y la valorización del habla. En el siglo XIX, el mundo interno estaba, de alguna manera, congelado por la palabra bastante rígida de la ley religiosa y la moralización social. Luego llegó el psicoanálisis, que se presentó como un gran liberador, que dio al paciente la libertad de usar sus propias palabras y al terapeuta la libertad de interpretarlas. Sin embargo, este sistema rápidamente se sujetó a su propio dogma y la verbalización comenzó a presentarse como una panacea, algo que no es. Como dice Nietzsche: "las palabras están hechas para los pesados". Desde luego, un paciente que se debate con todo tipo de sufrimientos psíquicos está sin ninguna duda en la pesadez íntima e interna. Las palabras bien escogidas serán uno de los factores que puedan ayudarlo a aligerar y a sacarlo de este tipo de estado interno. Sin embargo, más allá de estas oposiciones, el habla puede también usarse, paradójicamente, para detener lo mental y permitir a las intuiciones profundas revelarse, y ese es todo el sistema de oración o mantra repetitivo. Entre este tipo de discurso que conduce al silencio y el discurso que comenta-interpreta, hay un intermedio con varias sensaciones: un tipo de práctica que figura entre las diferentes técnicas de *vipassana*. Definimos en este marco media docena o una docena de sensaciones simples, como agitación, somnolencia, ira, miedo, duda, etc. y cuando un pensamiento o una emoción que surge se parece a una de esas sensaciones, simplemente la mencionamos. Esto lleva a una desaceleración del espíritu y a una manifestación de este, por así decirlo, a través del embudo de esta docena de sensaciones simples, cuya gran ventaja es permitir cierta distancia de lo mental, evitando caer en lo que podríamos llamar *la trampa de la charla interpretativa.*

Una manera directa de favorecer la capacidad de autosanación de la psique es aclarar las relaciones entre los fenómenos corporales y los fenómenos mentales. Se trata de un método que no es nuevo: es el de Buda hace veinticinco siglos, que fue muy claramente explicado por Buddhaghosa, en su principal libro de síntesis, *Vishuddhimarga*, *Le Chemin de la purification* (muerto en Sri Lanka, en el siglo IV de nuestra era):

> Si después de prestar atención a los procesos corporales llegamos a los de la mente y estos no son claros, quien medita no puede abandonar la práctica, sino que debe siempre comprender, considerar, estudiar y definir simplemente los procesos corporales. Si los procesos corporales se vuelven para él completamente distintos, claros y desprovistos de confusión, los procesos mentales, que tienen como objeto los procesos corporales, se aclararán por sí mismos. Dado que los procesos mentales se aclararán solo para aquellos que han captado los procesos corporales con total claridad, todo trabajo para comprender estos procesos mentales debe hacerse captando profundamente los procesos corporales y no de otra manera... Si avanzamos así, la práctica y su éxito en la meditación crecerán, se desarrollarán y alcanzarán la madurez (Nyanaponika, 2005: 3).

El mensaje es claro y no estamos lejos de la intuición básica de la Gestalt: regresar a la presencia del cuerpo para aclarar los fenómenos emocionales-relacionales. Después poner esto en la relación terapeuta-paciente, mediante lo que Jean-Marie llama la *postura meditativa* y la *meditación intersubjetiva.*

El ser humano es el único animal que tiene una verdadera *teoría del espíritu*, lo cual quiere decir, en términos simples, ser capaz de observarse desde el exterior y de comprenderse distinguiendo, por ejemplo, lo que viene del pasado o de la situación actual. Los filósofos, psiquiatras, neurólogos actualmente se han puesto de acuerdo para designar esta capacidad con el término *metacognición*. Esta es la base del funcionamiento autoterapéutico y meditativo, y corresponde, por ejemplo, a un consejo muy antiguo del maestro medieval tibetano Atisha, en sus 21 versículos sobre el Supremo: "¡Suprema es la instrucción según la cual se debe observar sin cesar su propia mente!"

FLUIDEZ

Realicé (en 2017-2018) dos años de giras de conferencias y estancias de meditación en Francia y sus alrededores. Fue una oportunidad para mí de conocer personas muy diferentes. En particular, pude conocer a Pascal Delamillieure, profesor de psiquiatría de adultos en el Centre Hospitalier Universitaire de Caen, cuando estaba realizando una pasantía en esa ciudad. Sabía que había estado practicando meditación budista durante al menos 25 años y le pregunté a quemarropa cómo había influido eso en su enfoque de la psicoterapia. Me respondió sin dudar que su práctica meditativa budista lo había llevado a insistir, en su diálogo con sus pacientes, sobre la impermanencia de sus síntomas y, por lo tanto, a restaurar la fluidez de un proceso psíquico más o menos fijo-congelado por la psicopatología. Como el paciente está endurecido por el miedo, incluso por el terror, en relación con los impulsos que le llegan, el hecho de poderse expresar y de recibir una palabra benevolente como respuesta, ayuda a una "desfijación" y a una "refluidez" de los procesos internos. Un efecto secundario negativo de los etiquetados psicopatológicos y psiquiátricos, en particular de la serie del DSM,[1] es que fijan la manera en que se ve el paciente a sí mismo. Por lo tanto, será necesario que el terapeuta esté muy atento para deshacer estas fijaciones, podríamos decir, con un neologismo, "deDSMisar" al paciente incluso en la concepción que tiene de su propio sufrimiento… El más grande escritor de tragicomedias de todos los tiempos somos nosotros mismos frente a nosotros mismos. No dejamos de hacerlo y cada vez se trata, a pesar de todo, de

[1] *Diagnostic and Statistical Manual of Mental Disorders* (DSM), una obra de referencia estadounidense publicada por la American Psychiatric Association (APA) que describe afecciones mentales. En español, está disponible con el título: DSM-5 *Manual diagnóstico y estadístico de los trastornos mentales*, Elsevier Masson, 2015.

llegar al desenlace. Estos desenlaces en serie serán posibles gracias a un aumento de nuestra fluidez interna, ya sea desde el punto de vista de las corrientes de sensaciones, los movimientos emocionales o la cadena de imágenes mentales.

Jean Marie subraya acertadamente esto: "La actitud terapéutica favorece el reconocimiento y la expresión de esas emociones, sin empujarlas, con un telón de fondo de esta postura que proviene del proverbio chino: 'no sirve de nada empujar el agua del río, fluye sola'". Para el budismo Mahayana, la liberación ocurre cuando los pensamientos se viven como una manifestación completamente espontánea, en el telón de fondo del espacio luminoso y relajado del espíritu. La fluidez es, de hecho, el primer paso hacia el vacío, ya que representa una ausencia completa de obstáculos.

Presencia

Para aclarar, podemos distinguir el doble sentido del término "presencia". En meditación y en psicoterapia, es la presencia de uno mismo y de los procesos mentales. En el camino de la devoción, sin embargo, es una "presencia" que se siente fuera de uno mismo, y que comenzamos a relacionar rápidamente con la presencia de lo divino. Por supuesto, los dos pueden superponerse, como en esta oración escrita alrededor de las paredes de la tumba del poeta persa Jalaluddin Rumi, en Konya: "¡Oh presencia, nuestro maestro!" Incluso un mínimo de reflexión y de sentido común nos permitirá darnos cuenta de que solo en el presente podemos cambiarnos a nosotros mismos. El pasado ya no existe, el futuro no existe todavía. Incluso si, cuando reflexionamos bien, la existencia misma del presente es bastante fugaz, al menos tiene la importancia de ser activa para transformarnos.

Durante una sesión de trabajo, el paciente y a veces el mismo terapeuta, como espejo, tienden a reducir su sentido del presente como una piel de dolor y a dejarse llevar en un modo de operación "cónico" de lo mental. Así, el paciente se deja atrapar en poco tiempo por un pequeño dolor en un lado u otro del cuerpo, o por una imagen ligeramente problemática en una esquina u otra del espacio del espíritu. A partir de ahí, comienzan las complicaciones, esta especie de astilla sutil en la piel ocupa demasiado espacio, da lugar a desarrollos que no son felices, como si, análogamente, se infectara. El trabajo meditativo y autoterapéutico consiste en volver al pensamiento esférico, es decir, a una percepción global simultánea de todo el espacio del cuerpo y de todo el espacio del espíritu. La mala noticia es que el avión de la consciencia se estrella muy a menudo, lo que es más bien *trash* [basura]. La buena noticia es que podemos rápidamente pegar las piezas y partir de nuevo en pleno vuelo por el cielo azul. Para jugar con las palabras en inglés, se podría decir: *crash is trash, fly in height* [estrellarse es basura, volar en la altura].

El sonido es una manera de pasar inmediatamente del modo de funcionamiento cónico al modo esférico, sobre todo cuando lo emite el sí mismo. De hecho, envuelve y hace vibrar todo el cuerpo de forma física sobre la misma longitud de onda. Este aspecto físico, globalizador, envolvente, no debe perderse de vista cuando reflexionamos acerca de la eficacia terapéutica de la palabra. Esto va más allá del significado intelectualmente correcto o no, de una palabra pronunciada. Es un signo de apertura a nuevas formas de psicología, Jean-Marie introduce la noción de *campo* y de *resonancia mórfica* en su comprensión de lo que ocurre entre los inconscientes y los conscientes del terapeuta y del paciente frente a frente, o del terapeuta con el grupo.

Incluso si Rupert Sheldrake ha desarrollado estas nociones de *campos* y de *resonancias mórficas a priori* sobre el mundo biológico, las analogías con el funcionamiento psíquico son ricas y, por lo tanto, merecen ser presentadas. Según él, este campo se define de la siguiente manera: "Es un campo de información que conecta entre sí a los miembros de una misma comunidad, sin soporte material..." La hipótesis también se aplica a los seres humanos. Debe ser más fácil para los niños aprender a jugar un videojuego, simplemente porque algunos de ellos ya lo han aprendido, o para algunas personas aprender nuevos deportes como el surf. En mi opinión, todo aprendizaje es más fácil por la resonancia mórfica con aquellos que lo han aprendido antes... Los grupos, las instituciones, el mundo operan sobre los principios de interdependencia, de coinfluencia, de resonancia, de sincronicidad" (Sheldrake, 1990). Finalmente estamos muy cerca de la noción de *interdependencia*, que es fundamental en el budismo.

Estar presente en el campo relacional es un estado de consciencia modificado, pero no alterado —la distinción es importante, y Jean-Marie lo subraya en este libro:

> Una aclaración: la designación de un estado alterado de consciencia no corresponde a lo que yo he vivido ni es a lo que me refiero. Se trata de un estado de consciencia más abierto, más vasto, más amplio que el que conocemos en la vida cotidiana. Lo que cambia con esta apertura inusual es nuestro estado interior, nuestras capacidades perceptuales y nuestra capacidad de introspección. La alucinación en el sentido psicopatológico es un estado de consciencia alterado.

> Yo tuve una experiencia así, luego de un *shock* operatorio causado por una intervención grave y una sobredosis de medicamentos, y no tiene nada que ver con la ampliación de la consciencia de la que hablo aquí.

Una mejor percepción de la intercorporalidad es aplicar la presencia en la relación terapéutica. La intercorporalidad fue definida por Maurice Merleau-Ponty en 1945 y, según el análisis de Chantal Deschamps, "para él [esta] se refiere al cruce que ocurre secretamente entre su cuerpo y el de los demás a través de diversos procedimientos inconscientes, incluido el de la imitación, del mimetismo. Este cruce logra descubrir al otro no solamente desde afuera, sino que lo hace sentir desde adentro al revelar, de manera oculta, la parte invisible o muda de su propio cuerpo" (Deschamps, 2004). Aquí nos encontramos cerca del mimismo del antropólogo Marcel Jousse, el mimetismo de René Girard, los eventos psicofisiológicos en espejo de Barbara Frederickson (2013), así como las neuronas espejo de Giacomo Rizzolatti.

La presencia forma y forja la calidad de la relación y esto es esencial en el proceso terapéutico. Como testifica Jean-Marie, "algunos estudios indican que la relación es más terapéutica que las técnicas o las corrientes a las que nos referimos, idea a la cual yo me adhiero completamente después de 45 años de práctica". Se podría decir que el proceso terapéutico corresponde a una mano extendida, lo importante es saber cómo tomarla y cómo sostenerla, y esto, de ambos lados. El terapeuta debe estar abierto a lo que sucede, sin interpretación: así nos orientamos más del lado de las meditaciones de observación que encontramos en el budismo y el vedanta, que en el sentido del psicoanálisis, donde la interpretación, sean sueños, lapsus u otros, siguen siendo la base del método.

Estaba interesado en ver cómo Jean-Marie lleva al terapeuta y a los pacientes a practicar el *awareness* relacionado con lo que él llama *meditación intersubjetiva*. Cuando se presenta de manera simple, es accesible para los grupos y permite expandir ampliamente el marco de la relación abriéndolo a dimensiones mucho más sutiles.

Esta presencia, este *awareness*, es el motor del proceso, tanto terapéutico como meditativo. Cito a John Welwood, psicólogo clínico, filósofo y meditador, con el propósito de destacar su importante rol en terapia: "Una parte de la sanación es darse cuenta de que el *awareness* es el entorno que contiene lo primordial. El *awareness* es la enzima que nos permite digerir las experiencias no digeridas del pasado. Es entonces el corazón de una vida espiritual encarnada".

Jean-Marie subraya en el mismo sentido que:

> Hay momentos en los que ya no es el terapeuta que da terapia, sino el proceso y la energía que emerge de este, es el *self* en movimiento. El terapeuta entonces deja de lado su ego, está al servicio, libre, sin esperar nada. Es lo que los creadores de la Gestalt expresan muy bien: "En una experiencia rica en contactos el 'yo', alienando sus estructuras tranquilizantes, se arriesga a dar el paso e identificarse con el *self* en desarrollo, le ofrece sus servicios y sus conocimientos y en el momento de la culminación, se desvanece del camino" (Perls *et al.*, 1951).

Lo que era ya la conclusión del libro *Gestalt Therapy* publicado por Perls y sus colegas en 1951, Jean-Marie lo retoma como conclusión de su propio libro, pero agrega esto: "El camino psicoterapéutico que se basa en la meditación intersubjetiva y en la postura meditativa es uno de los caminos posibles que permitiría, algunas veces, que el ego se desvaneciera". El *yo* del terapeuta se pone al servicio de la puesta en marcha del proceso relacional y luego se desvanece para dejar que sea más grande que él. Volvemos a esta base que es el desvanecimiento del ego, reemplazado por una precisión pura y simple, y así, el funcionamiento psíquico mejora enormemente.

El presente es como una célula madre que todo lo puede; tiene posibilidad de desarrollar lo que necesitamos en un futuro próximo, por ejemplo, una energía de apaciguamiento si uno está agitado, o una energía de estimulación si uno está somnoliento. Podríamos caracterizar una posibilidad de futuro de la psicoterapia meditativa al designarla como terapia autorregenerativa. Volveremos a un trabajo muy cercano a las sensaciones, donde las imágenes mentales y las palabras se mantendrán a distancia para evitar caer en la dispersión y la dilución del efecto autotransformador.

Al pensar en el futuro de la salud mental, puede ser que haya menos dinero disponible para financiar la investigación y también menor acceso a las psicoterapias clásicas y largas. Para adaptarse, la noción de higiene psíquica deberá reforzarse, no como un ideal moralizador, sino como un conjunto de prácticas autoterapéuticas. En ese momento, el papel del cuidador será ayudar al individuo a entrenarse en estas prácticas y a introducirlas en su vida cotidiana. La pauta directriz general será que la mejor de las psicoterapias es la que hacemos para nosotros mismos, sobre nosotros mismos, gracias a la meditación. No se trata de hablar de una panacea universal, sino de demostrar sentido común a largo plazo.

En todos los casos, esta capacidad autorreparadora de la meditación no ha escapado a la atención de practicantes y teóricos de las terapias cognitivas conductuales. Por ejemplo, para la franja sudeste de Francia de este movimiento, los organizadores han decidido dedicar de forma regular, durante sus tres días de congreso anual, una jornada a la meditación como autoterapia, por lo tanto, ¡era simple, pero había que pensar!

Jacques Vigne
Francia

Bibliografía

André, C. (2011). *Méditer jour après jour*. París: L'Iconoclaste.

Anza, L. (2007). *Le Quatrième royaume*. París: Éditions du Relié.

Anza, L. (2015). *La Voie du sentir*. París: Éditions du Relié.

Anzieu, D. (1985). *Le Moi-peau*. París: Dunod.

Avron, O. (2004). *La Pensée scénique: Groupe et psychodrame*. Toulouse: Érès.

Blaize, J. (1995). "La relation thérapeutique". *Revue Gestalt*, 8.

Blaize, J. (2001). *Ne plus savoir. Phénoménologie et éthique de la psychothérapie*. St. Romain La Virvée: L'Exprimerie, 2001.

Blin, B. y Chavas, B. (2009). *Guérir l'ego, révéler l'être*. París: Trédaniel.

Blin, B. y Chavas, B. (2011). *Manuel de psychothérapie transpersonnelle*. París: Dunod.

Blin, B. y Delourme, A. (dirs.) (2016). *Quand la conscience s'éveillera*. París: L'Harmattan.

Bloom, D. (2009). "Attention, Awareness, and Mindfulness, Studies in Gestalt Therapy": *Dialogical Bridges*, 3 (2), 2009.

Bloom, D. (2011). "Les animaux sentent, les personnes savent. Awareness-consciousness en Gestalt-thérapie", *Cahiers de Gestalt-thérapie*, 1(27).

Bloom, D. (2018): "Gestalt therapy and Phenomenology: when parallel lines collide", en Philip Brownell (ed.). *Handbook for Theory, Research and Practice in Gestalt Therapy*. Newcastle upon Tyne: Cambridge Scholars Publishing.

Bloom, D. (2019). "From Sentience to Sapience: The Awareness-Consciousness Continuum and the Lifeworld". *Gestalt Review*, 23(1).

Bohler, S. (2019). *Le Bug humain. Pourquoi notre cerveau nous pousse à détruire la planète et comment l'en empêcher*. París: Robert Laffont.

Brunel, M.L. y Martiny, C. (2004). "Les conceptions de l'empathie avant, pendant et après Rogers". *Carréiérologie*, 9(3).

Buber, M. (2012). *Je et Tu*. París: Aubier.

Cannone, É. (2012). "La relation malmenée à la régulation affective". *Revue Gestalt*, 41.

Castaneda, C. (1968). *L'Herbe du diable ou la petite fumée*. París: 10/18 [(1974). *Las enseñanzas de don Juan*. México: Fondo de Cultura Económica].

Castaneda, C. (1971). *Voir. Les Enseignements d'un sorcier yaqui*. París: Gallimard [(2014). *Una realidad aparte*. México: Fondo de Cultura Económica].

Castel, H. (2009). *Retour d'exil d'une femme recherchée*. París: Le Seuil.

Crocker, S. y Philippson, P. (2005). "Phenomenology, Existentialism, and Eastern Thought in Gestalt Therapy", en Woldt, A. y Toman, S. (eds.). *Gestalt Therapy*. Nueva York: Sage.

Cyr, J. y Mercier, A. (2018). "La pleine conscience: intégration dans un programme spécialisé", en Devault, A. y Pérodeau, G. (coords.). *Pleine conscience et relation d'aide. Théories et pratiques*. Québec: Presses de l'Université Laval.

Delacroix, J.M. (1994). *Du Père-Ancêtre au Fils Créateur. Gestalt-thérapie, changement, culture africaine*. París: L'Harmattan.

Delacroix, J.M. (2000). *Ainsi parle l'Esprit de la plante. Un psychothérapeute français à l'épreuve des thérapies d'Amazonie*. Saint-Julien-en-Genevois: Jouvence.

Delacroix, J.M. (2006). "De l'aisthesis à la beauté naturelle", en J.M. Robine (dir.). *La Psychothérapie comme esthétique*. París: L'Exprimerie.

Delacroix, J.M. (2011). "Intercorporalité et aimance du thérapeute". *Cahiers de Gestalt-thérapie*, 2(28), pp. 39-70.

Delacroix, J.M. (2016). "La posture méditative en psychothérapie". *Revue Gestalt* de la SFG, 48-49.

Delacroix, J.M. (2006). *La Troisième histoire. Patient-psychothérapeute: fonds et formes du processus relationnel*. Escalquens: Dangles [(2008). *Encuentro con la psicoterapia*. Buenos Aires: Editorial Cuatro Vientos].

Delacroix, J.M. (2015). "Le pouvoir de la conscience dans le processus psychothérapeutique". *Revue Gestalt* de la SFG, 47.

Delacroix, A. y Delacroix, J.M. (1994). *Tantra*. París: Bernet-Danilo.

Delisle, G. (1998). *La Relation d'objet en Gestalt-thérapie*. Laval: Les Éditions du Reflet.

Deschamps, C. (1995). "L'intercorporalité chez Merleau-Ponty: un con-

cept clé pour saisir la complexité du corps dans son rapport au monde". *Revue de l'Association pour la recherche qualitative*, 14.
Devault, A. y G. Pérodeau (coords.) (2018). *Pleine conscience et relation d'aide. Théories et pratiques*. Québec: Presses de l'Université Laval.
Durkheim, K.G. (1992). *Le Centre de l'être*. París: Albin Michel.
Ferguson, M. (1981). *Les Enfants du Verseau*. París: Calmann-Lévy.
Frank, R. (2005). *Le Corps comme conscience*. París: L'Exprimerie.
Frederickson, B. (2013). *Love 2.0, Finding Happiness and Health in Moments of Connection*. Nueva York: Hudson Street Press [(2014). *Love 2.0, Ces micro-moments d'amour qui vont transformer votre vie* M. Ricard (prefacio). Vanves: Marabout].
Gendlin, E. (1981). *Focusing, au centre de soi*. París: Éditions de l'Homme.
Gold, E. y Zahm, S. (2018). *Buddhist Psychology & Gestalt Therapy Integrated*. Sausalito: Metta Press.
Golder, E. (2006). *Au seuil de l'inconscient, Le premier entretien*. París: Payot.
Gougaud, H. (1995). *Les Sept plumes de l'aigle*. París: Le Seuil.
Graves, R. (1955). *Les Mythes grecs*. París. Fayard [(2011). *Los mitos griegos*. Madrid: Alianza].
Huguelit, L. (2012). *Les Huit circuits de conscience*. París: Mama.
Husserl, E. (2000). *Méditations cartésiennes*. París: Vrin [(2005) *Meditaciones cartesianas*. México: Fondo de Cultura Económica].
Husserl, E. (2002). *Investigaciones Lógicas 2*, M. García Morente y J. Gaos (trads.). Madrid: Alianza Editorial.
Jacquart, R. (1998). *L'Enquête de Wittgenstein*. París: PUF.
Jacobs, L. (2013). "Relationality: Foundational Assumptions", en Ullman, D. y Wheeler, G. (eds.). *Co-Creating the Field: Intention and Practice in the Age of Complexity*. Gouldsboro: Gestalt Journal Press.
Juston, D. (1990). *Le Transfert en psychanalyse et en Gestalt-thérapie*. Bruselas: La Boîte à Pandore.
Kabat-Zinn, J. (2009). *Au cœur de la tourmente. La pleine conscience*. Lovaina: Éditions de Boeck.
Kabat-Zinn, J. (2010). *Méditer, 108 leçons de Pleine Conscience*. París: Les Arènes.
Loyola, Saint Ignace de (1982). *Exercices spirituels*. J.C. Guy (trad. y coment.), París: Le Seuil.
Maslow, A. (2008). *Devenir le meilleur de soi-même*. París: Eyrolles.
Masquelier, C. y Masquelier, G. (dirs.) (2019). *Le Grand Livre de la Gestalt*. París: Eyrolles.

Merleau-Ponty, M. (1945). *Phénoménologie de la perception*. París: Gallimard.

Merleau-Ponty, M. (1979). *Le Visible et l'invisible*. París: Gallimard.

Muñoz, M. (2009). *Emociones, sentimientos, necesidades*. México: Ediciones Instituto Humanista de Psicoterapia Gestalt (IHPG).

Muñoz, M. (2012). *Émotions, sentiments, besoins*. París: L'Exprimerie.

Naranjo, C. (1970). "Present-Centredness: Technique, Prescription and Ideal", en J. Fagan y Shepard, I, (eds.). *Gestalt Therapy Now.* Palo Alto: Science and Behavior Books.

Naranjo, C. (2019). *Ayahuasca. La enredadera del río celestial*. Buenos Aires: Editorial Grupal.

Nanni, D. (2015). *Cuatro escritos sobre el uso de ayahuasca en psicoterapia*. Buenos Aires: Editorial Fundación la Hendija.

Nanni, D. (2018). *Cinco escritos sobre el uso de ayahuasca en psicoterapia*. Buenos Aires: Editorial Fundación la Hendija.

Nyanaponika, T. ([1962] 2005). *The Heart of Buddhist Meditation. A handbook of mental training based on the buddha's way of mindfulness*. Sri Lanka: Buddhist Publication Society, Kandy [(2004) *Satipatthana, le cœur de la méditation bouddhiste*, M. Benoit (trad.). París: Librairie d'Amérique et d'Orient Adrien Maisonneuve].

O'Neill, B. (2013). *The Tao of Gestalt*. Boston: Ravenwood Press.

O'Neill, B. (2016). *Our Experience of Being*. Boston: Ravenwood Press.

Parlett, M. (1999). "Réflexion sur la théorie du champ". *Cahiers de Gestalt-thérapie*, 5.

Pascal, B. (1962). *Pensées*. París: Livre de poche [(2015). *Pensamientos*. México: Porrúa].

Perls, F. (1969). *Ego, Hunger and Aggression: The Beginning of Gestalt Therapy*. Nueva York: Vintage Books.

Perls, F. (1978). *Le Moi, la faim, l'agressivité*. París: Tchou.

Perls, F., R.E. Hefferline y Goodman, P. ([1951] 1994). *Gestalt Therapy*, Gouldsboro: The Gestalt Jornall Press.

Perls, F., Hefferline, R.E. y Goodman, P. (1977). *Gestalt-thérapie*, t. 1: *Technique d'épanouissement personnel*. Montreal: Stanké.

Perls, F., Hefferline, R.E. y Goodman, P. (1979). *Gestalt-thérapie*, t. 2: *Vers une théorie du self: nouveauté, excitation et croissance*. Montreal: Stanké.

Preston, L. (2014). "À la frange de la conscience". *Cahiers de Gestalt-thérapie,* 32.

Reggad, K. (1990). "Les nouveaux thérapeutes". Pratiques corporelles, 85, marzo.

Rey, A. (1992). *Dictionnaire historique de la langue française*. París: LeRobert.
Robine, J.M. (1995). "Théoriser ce qui toujours échappera". *Revue Gestalt de la SFG*, 8.
Searles, H. (1981). *Le Contre-transfert*. París: Gallimard.
Searles, H. (1986). *L'Environnement non humain*. París: Gallimard.
Sheldrake, R. (1990). *L'Âme de la nature*. París: Albin Michel.
Sheldrake, R. (2012). "Un scientifique en rébellion". *L'Inexploré*, mayo.
Shoch de Neuforn, S. (1999). "Comment penser le champ dans la clinique gestaltiste?". *Cahiers de Gestalt-thérapie*, 5.
Shoch de Neuforn, S. (2002). *Un dialogue thérapeutique*. París: L'Exprimerie.
Shoch de Neuforn, S. (2011). "La spécificité de la Gestalt-thérapie", en Masquelier, C. y Masquelier, G. (dirs.). *Le Grand Livre de la Gestalt*. París: Eyrolles.
Staemmler, F.M. (2007). "On Macaque Monkeys, Players, and Clairvoyants: Some New Ideas for a Gestalt Therapeutic Concept of Empathy", *Dialogical Bridges*, 1-2, pp. 43-63.
Staemmler, F.M. (2008). "La Tour de Babel: Confusion dans l'utilisation et les signification du terme champ". *Cahiers de Gestalt-thérapie*, 1(22), pp. 5-58.
Staemmler, F.M. (2009). "The Willingness to be Uncertain", en L. Jacobs y Hycner, R. (eds.). *Relational Approaches in Gestalt Therapy*. Gouldsboro: The Gestalt Journal Press.
Staemmler, F.M. (2012). "Quelques idées neuves pour un concept d'empathie Gestalt-thérapeutique". *Cahiers de Gestalt-thérapie*, 2(30).
Staemmler, F.M. (2013). "On Macaque Monkeys, Players, and Clairvoyants: Some New Ideas for a Gestalt Therapeutic Concept of Empathy", en D. Ullman, Wheeler G., (eds.), *Co-Creating the Field*, Gouldsboro: The Gestalt Journal Press.
Stein, E. (1995). *Sobre el problema de la empatía*, A. Pérez Monroy (trad.). México: Universidad Iberoamericana.
Stern, D. (2003). *Le Moment présent en psychothérapie*. París: Odile Jacob.
Stern, D. (2016). Artículo en Blin, B. y Delourme, A. (dirs.). *Quand la conscience s'éveillera*. París: L'Harmattan.
Stevens, B. (1970). *Don't Push the River*. Lafayette: Real People Press.
Stevens, J.O. (1971). *Awareness*. Lafayette: Real People Press.
Stevens, J.O. ([1971] 1989). *Awareness, Exploring, Experimenting, Experiencing*. Middlesex: Eden Grove Editions.
Tolle, E. (2000). *Le Pouvoir du moment present*. Quebec: Ariane.

Van Dusen, W. y Wu, W. (1975). "No Mind, and the Fertile Void", en J.O. Stevens (ed.), *Gestalt Is*. Lafayette: Real People Press.

Vigne, J. (1996). *Méditation et psychologie: Soigner son âme*. París: Albin Michel.

Waite, D. (2015). *L'Advaïtata Vedanta: Théorie et pratique*. París: Almora.

Welwood, J. (2003). *Pour une psychologie de l'éveil*. París: Éditions de la Table ronde.

Wilber, K. (1997). *Une brève histoire du tout*. Quebec: Éditions de Mortagne.

Winnicott, D. (1958). *De la pédiatrie à la psychanalyse*. París: Payot.

Wolfert, R. (2000). "Self in Experience, Gestalt Therapy, Science and Buddhism", BGJ, 9(2).

Wolfert, R. (2015). "The Spiritual Dimensions of Gestalt Therapy", cap. 16, en Mistler, B. y Brownell, P. (eds.). *Global Perspectives on Research, Theory, and Practice: A Decade of Gestalt!* Newcastle upon Tyne: Cambridge Scholars Publishing.

Yontef, G. (2009). "The Relational Attitude in Gestalt Therapy and Practice", en Jacobs, L. y Hycner, R. (eds.). *Relational Approaches in Gestalt Therapy*. Gouldsboro: The Gestalt Journal Press.

Zinker, J. (1981). *Se créer par la Gestalt*. Quebec: Éditions de l'Homme.

Zinker. J. (2006). *La Gestalt, Un processus créatif.* París: InterÉditions.

ACERCA DEL AUTOR

Jean-Marie Delacroix es psicólogo clínico, psicoterapeuta y profesor. Se formó en psicoanálisis y psicodrama en Paris, después en terapia gestáltica y bioenergía en Montreal, donde también se inició en psicoterapia transpersonal. Asimismo estudió etnología y manifestó su interés en prácticas psicoterapéuticas de otras culturas. Se ha acercado al trabajo terapéutico realizado en campo, especialmente en México y en la Amazonia peruana.

Ha trabajado en distintas instituciones psiquiátricas, en Francia y en Canadá, e intervenido regularmente en Costa de Marfil durante más de 10 años en la formación de psicoterapeutas gestaltianos. Desde 1993 colabora en diversos institutos de formación psicoterapéutica en México.

Plena consciencia en psicoterapia
se terminó de imprimir en la Ciudad de México
en marzo de 2021 en los talleres de Impresora Peña Santa S.A.
de C.V., Sur 27 núm. 457, Col. Leyes de Reforma, CP 09310, Ciudad
de México. En su composición se utilizaron tipos
Bembo Regular y Bembo Italic.